Rowohlt Verlag GmbH, Kirchenallee 19, 20099 Hamburg

Kontaktadresse nach EU-Produktsicherheitsverordnung:
produktsicherheit@rowohlt.de

Adrian Leemann, Stephan Elspaß und Robert Möller beschäftigen sich als Wissenschaftler mit der deutschen Sprache, Timo Grossenbacher ist Datenjournalist und zeichnet am liebsten Karten. Zwar sprechen sie alle Deutsch, aber Leemann und Grossenbacher würden zu «Schluckauf» eher «Hitzgi» bzw. «Gluggsi» sagen, Elspaß «Hickepick» und nur Möller «Schluckauf».

Adrian Leemann, Stephan Elspaß,
Robert Möller, Timo Grossenbacher

Grüezi, Moin, Servus!

WIE WIR WO SPRECHEN

Datengrundlage unter Mitarbeit von Marie-José Kolly, Marc Brupbacher, Christina Elmer, Daniel Wanitsch, Sarah Grimm, Sylvain Robert, Jürg Fleischer, Roland Kehrein und Patrick Stotz

Rowohlt Taschenbuch Verlag

2. Auflage März 2022
Originalausgabe
Veröffentlicht im Rowohlt Taschenbuch Verlag,
Reinbek bei Hamburg, Januar 2018

Umschlaggestaltung ZERO Media GmbH, München
Umschlagabbildungen TongRo Images Inc.,
fonikum/Getty Images; FinePic®, München
Satz aus der Franziska Pro, InDesign,
bei Dörlemann Satz, Lemförde
Druck und Bindung
BoD – Books on Demand GmbH, Norderstedt, Germany
ISBN 978-3-499-63330-0

INHALT

EINLEITUNG

Grüezi, Moin, Servus, Guten Tag, Grüß Gott, Hallo und Hoi!

Sie interessieren sich offenbar für die Vielfalt der deutschen Sprache – das freut uns! Auch wenn die Zeiten vorbei sind, wo Alpen- und Küstenbewohner sich kaum verständigen konnten, sorgen die regionalen Unterschiede in der Alltagssprache immer noch regelmäßig für Überraschungen. Sobald Menschen aus verschiedenen Regionen zusammenkommen, auf Partys, Familienfeiern, im Urlaub oder auf Dienstreisen, kann man solche Unterschiede immer wieder beobachten. Wer hat nicht schon einmal selbst erlebt, nicht verstanden zu werden, obwohl man sich im deutschsprachigen Raum bewegt und sogar «hochdeutsch» redet? Wer in München beispielsweise schon einmal versucht hat, beim Bäcker *Schrippen* zu kaufen, in Wien *Weckle* oder in Zürich *Semmeln*, der hat wahrscheinlich die Erfahrung gemacht, dass die «gemeinsame» Sprache nicht immer ein verbindendes Element ist. Im schlimmsten Fall ist er mit leeren Händen aus der Bäckerei gegangen. Oder haben Sie in einem Grazer Gasthaus schon einmal eine *Apfelschorle* bestellt? Der Kellner wird dann vermutlich dasselbe Gesicht gemacht haben wie der Köbes in der Kölner Kneipe, wenn jemand dort einen *gespritzten Apfelsaft* verlangt ... Kurzum: Jede Region im deutschsprachigen Raum hat *halt* bzw. *eben* ihre eigene Art, den Dingen einen Namen zu geben. Nicht jeder *babbelt* so, wie der andere *schwätzt.*

Wo sagt man zu gebratenen Klößen aus *Hackfleisch* – pardon: *Faschiertem* – *Frikadelle,* wo *Fleischlaiberl* und wo *Hacktätschli*? Was bekommt man wo, wenn man einen *Pfannkuchen* bestellt? Und warum hat *der Palatschinken* nichts mit einem «Schinken» zu tun? In welchen Regionen verabredet man sich für *Viertel ab zähni,* für *Viertel elf* oder für *Viertel nach zehn,* wenn man «10:15» meint? Viele dieser Ausdrücke gelten übrigens auch, wenn die Sprecher «hochdeutsch» reden. Vielleicht sagen manche ja für «10:15» auch *zehn Uhr fünfzehn,* wenn es besonders formell klingen soll. Aber selbst dann wird man regionale Unterschiede hören: Sagen Sie eher *zehn,* oder tönt es wie *zähn*? Sagen Sie wirklich *fünfzehn,* oder hört es sich nicht eher wie *fümfzen* an – oder sogar ganz anders: *fuffzehn, fuchzehn* oder *füfzäh*?

Antworten auf all diese Fragen finden Sie in diesem Buch: illustriert mit schönen Karten und anschaulich erklärt. Dazu gibt es Informationen zur Herkunft vieler Ausdrücke sowie kleine Einblicke in die Kulturgeschichten mancher Dinge, die uns im Alltag umgeben. Es ist ein Buch zum Schmökern. Man muss nicht vorn anfangen, um zu verstehen, was weiter hinten steht. Man kann einfach irgendwo «einsteigen». Falls Sie aber zunächst Näheres zu dem erfahren möchten, welches Deutsch wir für dieses Buch abgefragt haben, wie wir die Daten erhoben haben und wie die Karten zu lesen sind, können Sie zuerst noch die folgenden Seiten lesen. In jedem Fall wünschen wir Ihnen viel Spaß bei der Lektüre!

Um welches Deutsch geht's in diesem Buch?

Mit rund 90 Millionen Sprechern ist Deutsch die meistgesprochene Muttersprache Europas. Deutsch ist Amtssprache in Deutschland, Österreich, der Schweiz, Liechtenstein und Luxemburg sowie in Ostbelgien und in Südtirol. Die Sprachsituation in diesen Ländern und Regionen ist vielschichtig. Deutsch ist fast überall die am häufigsten gesprochene Sprache. Dabei sind mit «Deutsch» einerseits die jeweils üblichen Formen des Hochdeutschen bzw. Schriftdeutschen gemeint, andererseits die dort im Alltag gebräuchlichen Formen des gesprochenen Deutsch. In diesem Buch geht es um diese letztgenannte Sprachform, die Alltagssprache – wie man also im Alltag mit guten Freunden oder mit der Familie zu Hause spricht. Diese kann je nach Land und Region sehr unterschiedlich sein: In der Schweiz, in Liechtenstein, in Südtirol und in Teilen Österreichs, Deutschlands sowie Ostbelgiens werden im Alltag Dialekte gesprochen – Dialekte, wie sie so oder ähnlich seit Jahrhunderten gesprochen werden. In Luxemburg verwenden viele im Alltag Lëtzebuergesch. Das unterscheidet sich kaum von den angrenzenden Dialekten in Deutschland und Ostbelgien, gilt aber heute als eigene Sprache und wird auch bei formellen Anlässen gesprochen und geschrieben. In den meisten Gebieten Deutschlands sowie Ostbelgiens sind es regionale Formen des Sprechens, die im Alltag dominieren – sie sind dabei mal näher an den Dialekten, mal näher am (geschriebenen) Hochdeutsch orientiert. Aber auch «das» Hochdeutsche – im Sinne einer Standardsprache, wie sie etwa in Zeitungen gedruckt erscheint oder in formellen Zusammenhängen gesprochen wird – ist nicht frei von regionalen Unterschieden. Das «eine» Hochdeutsche, das überall gelten soll, gibt es nicht.

Es finden sich in diesem Buch daher auch Karten mit unterschiedlichen Ausdrücken, die in der formellen Standardsprache ebenso gelten wie in der Alltagssprache. Ein Beispiel sind die Bezeichnungen für eine «angekündigte Schulprüfung»: Die Wörter, die unsere Karten zu diesem Begriff erfassen, begegnen einem sowohl in den Lehrplänen der Schulbehörden als auch auf den Pausenhöfen – allenfalls sind sie dort in regional üblichen Ausspracheformen zu hören (wie z. B. *Prüefig* statt *Prüfung*).

Wie sind die Daten erhoben worden?

Sprecher geben mit der Wahl ihrer Wörter und deren Aussprache Auskunft über ihre Herkunft. Im April 2015 machten wir uns dies zunutze: Gemeinsam mit dem Zürcher *Tages-Anzeiger*, mit *Spiegel Online* und in Zusammenarbeit mit einer Gruppe von Kollegen (siehe Seite 3) entwickelten wir ein Quiz, das die Herkunft der Teilnehmer bestimmen sollte, wenn diese zu 24 ausgewählten Begriffen jeweils «ihre» Varianten anklickten. (Probieren Sie's selbst: http://sprachatlas.spiegel.de, ohne www!). Rund 700 000 Teilnehmer aus über 18 000 Orten nahmen an diesem Quiz teil und schickten uns ihre Wortauswahl. Auf diesen Daten basieren auch unsere Karten, die die regionale Vielfalt im deutschsprachigen Europa anschaulich darstellen.

Natürlich ist diese Form der Datenerhebung nicht ganz unproblematisch. Im Vergleich zu direkten Datenerhebungsmethoden, bei denen Wissenschaftler sich persönlich mit den Sprechern treffen und sie zu ihrem Sprachgebrauch und ihrer sprachlichen Biographie befragen, ist die Verlässlichkeit der Daten hier geringer: Wir konnten die Angaben der Sprecher kaum kontrollieren und müssen ihren Auskünften vertrauen. Die fehlende Kontrollmöglichkeit wird aber zum großen Teil durch die Menge an Personen, die so befragt werden konnten, wettgemacht.

Was zeigen die Karten?

Zu jedem der 24 Begriffe aus der Alltagssprache zeigen wir auf Großkarten zunächst das Ergebnis für das gesamte deutschsprachige Gebiet (mit Luxemburg, wegen der engen Verwandtschaft zwischen Deutsch und Lëtzebuergesch). Auf jeder dieser Großkarten werden die geläufigsten Wörter farblich voneinander unterschieden. Von diesen Karten zoomen wir jeweils in verschiedene Teilregionen hinein; das Resultat sind Ausschnittskarten 01. Da wir auf den Großkarten nicht mehr als die acht geläufigsten Wörter aufführen, können in den Ausschnittskarten auch Wörter vorkommen, die auf der Großkarte nicht als farbige Fläche dargestellt sind. So ist z. B. für den *Brotanschnitt* die Bezeichnung *Anschnitt* im ganzen deutschsprachigen Gebiet der Schweiz sehr geläufig – schaut man genauer hin, gibt es aber vor allem im Westen der Schweiz noch mehr Wörter (siehe das folgende Kartenbeispiel). Solche Wörter erscheinen auf den Großkarten nur als Schriftzug mit etwas hellerer Schrift.

Wieso sind manche Flächen heller, manche farbintensiver? Je farbintensiver eine Fläche auf der Karte ist, desto dominanter ist ein Wort in dem Gebiet. Auf helleren Flächen dagegen stehen verschiedene Wörter stärker in Kon-

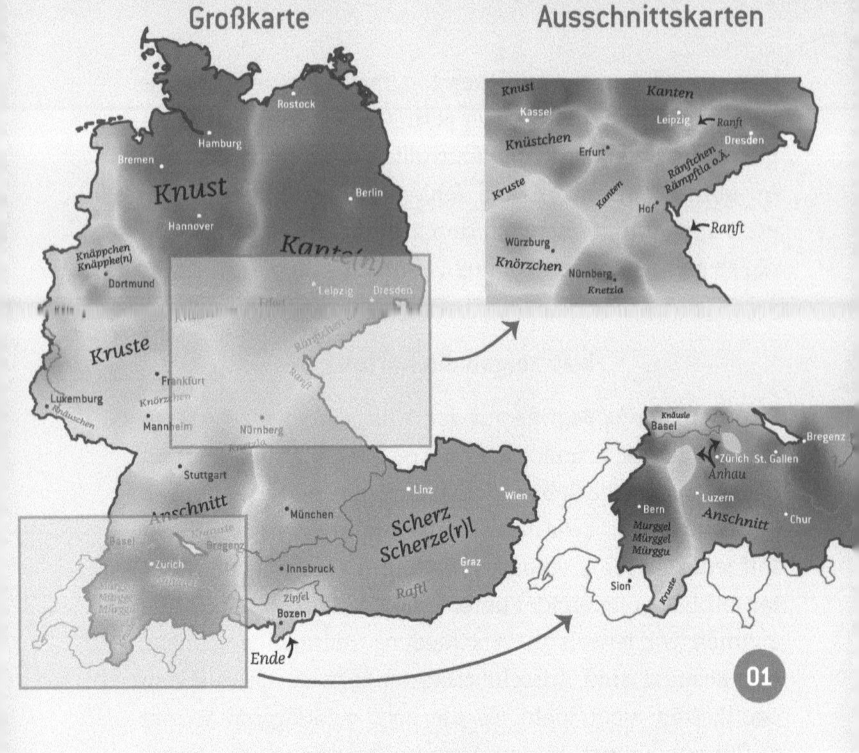

kurrenz zueinander. Das heißt: Es können dort mehrere Wörter sehr geläufig sein, auch wenn genau das, für das die Farbe steht, am gebräuchlichsten ist. So ist etwa *Kante(n)* im ganzen Nordosten Deutschlands am stärksten vertreten, allerdings finden wir in Sachsen und Thüringen noch viele weitere Wörter, wie z. B. *Ranft* oder *Ränftchen*. Ebenso ist *Anschnitt* das in der Schweiz durchaus am weitesten verbreitete Wort, bei näherem Hinsehen erweist sich aber, dass in einzelnen Regionen Ausdrücke wie *Murggel*, *Anhau* oder *Kruste* vorherrschen. Dies alles zeigt sich jedoch erst auf Ausschnittskarten mit größerer Auflösung.

Die farbigen Flächen sind das Ergebnis einer sogenannten «k-nearest-neighbour»-Interpolation (kurz gesagt: einer Glättung zwischen den geographisch nächstgelegenen Ortschaften, wobei *k* die Anzahl der Ortschaften darstellt). Dieser Interpolation liegen die rund 700 000 Angaben aus dem oben erwähnten Quiz zugrunde. Mit dieser Methode können wir aus allen Angaben aus den einzelnen Orten kontinuierliche Flächen generieren. Dabei werden lokale Unebenheiten geglättet und die regionalen und überregionalen Muster besser sichtbar. Das kann auf der anderen Seite dazu führen, dass die verschiedenen Flächen nicht immer genau den politischen Grenzen folgen – was allerdings auch die Alltagssprache nicht immer tut. Zu beachten ist weiter, dass in ländlichen Gebieten die Datengrundlage etwas spärlicher ist als in den Städten – die Interpolationsmethode gleicht dies jedoch aus.

Und was, wenn das Wort für Ihre Gegend nicht stimmt oder nicht genau dem entspricht, wie Sie's sagen würden? Das ist natürlich möglich. Dafür gibt es verschiedene Gründe: Erstens zeigen die Karten, wie beschrieben, nur das geläufigste Wort pro Region. Wenn in einem kleineren Gebiet etwas anderes üblich ist, erscheint das nicht in der Karte (abgesehen von der helleren Farbe). Zweitens haben viele Gegenden und Orte verschiedene Möglichkeiten, dasselbe auszudrücken – es gibt kaum Orte, wo alle Menschen völlig gleich sprechen. So benützen Jüngere häufig andere Ausdrücke als die Älteren; bei unserem Quiz waren mehr als 60 % der Teilnehmer unter 35 Jahre alt. Des Weiteren könnte es daran liegen, dass Sie mobil sind (aufgrund der Arbeit, einer Partnerschaft, eines Studiums oder aus anderen Gründen). Dadurch gelangen Sie in Kontakt mit Sprechern anderer Regionen, was wiederum einen Einfluss auf Ihre Sprache haben könnte. Und schließlich kann es auch sein, dass Sie in den Schreibungen der Wörter auf den Karten nicht exakt Ihre eigene Aussprache wiedererkennen. Außer im letzten Kapitel «Wie wir kleine Wörter aussprechen», wo es nur um Aussprache geht, befasst sich das Buch vorwiegend mit verschiedenen Wörtern. Auch wenn es nicht immer genau die für Sie typische Aussprache trifft: Das in Ihrer Region übliche Wort sollten Sie auf jeden Fall herauslesen können.

Lust auf mehr?

Wenn Sie nicht nur lesen, sondern auch hören wollen, wie unterschiedlich unsere Regionen klingen, dann können Sie sich die «Deutschklang»-App herunterladen. Sie können sich dort auch selbst aufnehmen und so die akustische Reise durch das deutschsprachige Europa erweitern. «Deutschklang» gibt es gratis für iOS und Android. Und wer an weiteren Karten und Erhebungen zur Alltagssprache interessiert ist, kann diese unter folgendem Link finden: www.atlas-alltagssprache.de

Zu guter Letzt …

… ein paar Anmerkungen zu den Begleittexten: Kursiv gesetzt sind alle Wortformen, zum Beispiel *Knust, Kante(n), Ränftchen, Murggel* usw. Bedeutungsangaben finden sich immer in Anführungsstrichen, z. B. «Anfangs- oder Endstück des Brotes». Aus Platzgründen beschränken wir uns auf Formen wie «Sprecher» oder «Teilnehmer» – wir meinen aber, liebe Leserinnen und Leser, jeweils natürlich Sprecherinnen und Sprecher und Teilnehmerinnen und Teilnehmer. Und wenn Ihnen in unseren Texten – außer in den kursiv gesetzten Stellen – auch einmal ein Wort begegnen sollten, das Sie anders schreiben würden (z. B. «benützen», nicht «benutzen»), dann widerspiegelt dies einfach die Tatsache bzw. spiegelt dies die Tatsache wider, dass die Autoren aus verschiedenen Gebieten des deutschsprachigen Raums stammen: Adrian Leemann und Timo Grossenbacher sind in der Schweiz aufgewachsen (deshalb auch nicht «*Großenbacher*»), Stephan Elspaß und Robert Möller stammen aus Nordrhein-Westfalen. Sie können aber auf jeden Fall davon ausgehen, dass wir Standarddeutsch geschrieben haben.

Lancaster, Salzburg, Lüttich und Zürich,
im Dezember 2017

Adrian Leemann, Stephan Elspaß,
Robert Möller, Timo Grossenbacher

SPEISEN UND GERICHTE

Gebratener, flacher Kloß aus zerkleinertem Fleisch

Wenn's schnell gehen muss, aber unbedingt Fleisch auf den Tisch soll, dann gehört der «gebratene, flache Kloß aus zerkleinertem Fleisch» dazu, eines der einfachsten und am weitesten verbreiteten Gerichte. Aber wie nennt man dieses Gericht? Das Deutsche hat dafür eine Reihe von verschiedenen Bezeichnungen, die ihre ganz eigenen Geschichten haben 02.

Frikadelle
Bulette
Rostock
Hamburg
Bremen
Berlin
Hannover
Dortmund
Leipzig
Erfurt
Dresden
Köln
(Brat-/Fleisch-)
Klops
Beefsteak
Frankfurt
(Fleisch-/Gehacktes-)
Klößchen
Sonstiges
Luxemburg
Mannheim
Nürnberg
lette
Stuttgart
Fleischküchle
Fleischpflanz(er)l
Linz
Wien
Fleischla(i)berl
München
ikadelle
Basel
Bregenz
Zürich
Innsbruck
Graz
Hackloable
Hacktätschli
Bern
Fleischkrapfen/-krapferl
Bozen
Faschiertes Laibchen

02

Im Nordwesten Deutschlands, zwischen Schleswig-Holstein und Rheinland-Pfalz (plus Kurpfalz), wird dieser Kloß *Frikadelle* genannt. Das Wort ist im 17. Jahrhundert über das Niederländische aus dem Französischen entlehnt worden (wie übrigens auch *Frikassee*). Es kann auf das lateinische Verb *frīgere* zurückgeführt werden, das «rösten, braten» bedeutet und das wir auch in den Wörtern (*Pommes*) *Frites*, *frittieren* oder *Frittaten* wiederfinden. *Frikadelle* weist also in erster Linie auf die Zubereitungsart hin.

Andere Bezeichnungen im deutschsprachigen Raum beziehen sich dagegen auf die äußere Form des Gerichts. So z. B. das Wort *Bulette*, das ebenfalls aus dem Französischen übernommen wurde – französisch *boulette* ist eine Verkleinerungsform von *boule* («Kugel») und wird im Französischen nicht nur, aber ebenfalls häufig in kulinarischer Bedeutung verwendet. Dass *Bulette* in Ostbelgien und Luxemburg üblich ist, erklärt sich aus dem unmittelbaren Kontakt zur französischsprachigen Küche. Es ist aber im 19. Jahrhundert auch ins Berlinische gelangt – ob nun mit französischsprachigen Einwanderern und/oder weil die französische *Cuisine* in hohem Ansehen stand – und hat sich von dort aus offenbar stark ausgebreitet, in erster Linie in Brandenburg und Vorpommern, aber auch in Sachsen. Wie diese – und im Folgenden noch weitere – Beispiele zeigen, sind Entlehnungen aus dem Französischen gerade bei Speisen und Gerichten weit verbreitet. Mögen heute *Pizza*, *Pulled Pork* und *Pad Thai* die Systemgastronomie dominieren – vom 17. bis zum 19. Jahrhundert kam das, was als fein galt und fremdländisch klang, aus der französischen Küche.

Es geht natürlich auch germanisch-deftig: Besonders in Mecklenburg, Sachsen-Anhalt und Thüringen heißt das Gericht *Klops* (oder auch *Brat-* oder *Fleischklops*). Dieses Wort trat zuerst im Nordostdeutschen auf: Wer kennt nicht die *Königsberger Klopse*? Wahrscheinlich ist es eine Entlehnung aus dem Schwedischen, wo *kalops* oder *kollops* eine «gebratene Fleischscheibe» (in der Regel nicht aus zerkleinertem Fleisch) bedeutet, so wie *collop* im älteren Englischen. Schwedische und englische Etymologen schieben die Entstehung des Worts jeweils der anderen Sprache zu. Es scheint jedenfalls aus den Wörtern für «Kohle» und «hüpfen» zusammengesetzt zu sein, bedeutet also ungefähr «das, was auf dem Grill hüpft». *Klops* wird aber auch mit dem niederdeutschen bzw. «plattdeutschen» Verb *kloppen* in Verbindung gebracht. Das Wort *Klops* würde sich nach dieser Deutung darauf beziehen, dass man die Fleischmischung flach klopft. Das sollte man mit *Königsberger Klopsen* natürlich nicht machen!

Im Süden des deutschen Sprachgebiets sind meist Wortverbindungen oder Wortzusammensetzungen üblich: Der erste Teil besteht aus *Fleisch-* oder einer anderen Bezeichnung für das «zerkleinerte Fleisch», nämlich *Hack-* oder – hier wieder mit einem Lehnwort aus dem Französischen – *Faschiertes*. Der zweite Teil wird dann durch einen Ausdruck gebildet, der sich auf die Form des Gerichts bezieht. In Baden-Württemberg (ohne die Kurpfalz), Bayerisch-Schwaben und in Franken sagt man meist *Fleischküchle*, im übrigen Bayern *Fleischpflanzl* oder *Fleischpflanzerl*, also mit den für die jeweiligen Regionen typischen Verkleinerungsformen. Sowohl *-küchle* als auch *-pflanz(er)l* vergleichen das Gericht mit einem «kleinen Kuchen aus Fleisch» – so sehen sie ja auch aus, wenn sie ein wenig flachgeklopft sind. Bei *-pflanz(er)l* ist der Bezug zu «Kuchen» nicht ganz so offen-

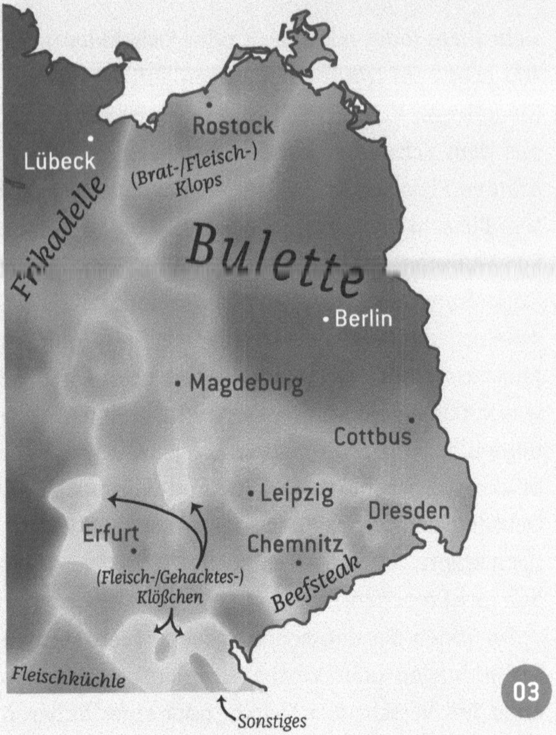

sichtlich: Es handelt sich hier wohl um eine Abänderung aus *Pfann-Zelten* mit dem Grundwort *Zelt(e)n*, was «flacher Kuchen» bedeutet. So heißen auch «Lebkuchen» in Bayern und Österreich oft noch *Lebzelten.*

In Österreich gilt überwiegend *Fleischlaiberl, Fleischlaberl* oder auch schon einmal *Fleischlaibele,* da hat man eher an eine Ähnlichkeit mit einem kleinen Brotlaib gedacht. Vor allem im Osten und Südosten Österreichs heißt es daneben *faschiertes Laibchen. Faschieren* bedeutet «durch den Fleischwolf drehen» und kommt von französisch *Farce*

(«Füllung»), das seinerseits auf lateinisch *farcīre* («stopfen») zurückgeht. Das gehackte Fleisch hat seinen Namen hier also von der Verwendung als Füllmasse in der raffinierten Küche – gegenüber Rezepten wie «Schnecken mit Farce» oder «Taube mit Faschiertem gefüllt» ist das Braten eines Stücks Hackfleischmasse natürlich schon eher simpel.

Wenn man etwas genauer in die bunte Sprachlandschaft der östlichen Bundesländer in Deutschland schaut, entdeckt man neben den beiden stark verbreiteten Bezeichnungen *Bulette* und *(Brat-/Fleisch-)Klops* noch zwei weitere Wörter mit auffälliger regionaler Verteilung 03. In Teilen von Sachsen-Anhalt, Thüringen und dem südlich angrenzenden Oberfranken ist *Klößchen* üblich oder auch *Fleisch-/Gehacktesklößchen*. In den südlichen Teilen Sachsens wird der Anglizismus *Beefsteak* verwendet. Dass man als *Steak* ein Gericht bezeichnet, das nicht aus einem Fleischstück, sondern aus zerkleinertem Fleisch besteht, mag zunächst verwundern. Aber bei einem *Kalbsbutterschnitzel* der Wiener Küche sollte man auch nicht ein Schnitzel aus einem Stück Kalbsfleisch erwarten ... Wenn man sich zudem vor Augen hält, dass *Beefsteak* eine Verkürzung von *Deutsches Beefsteak* ist, wird klarer, dass die Erfinder der «deutschen» Version des Fleischgerichts nicht den Anspruch erheben wollten, es könne an das englische Original heranreichen. Ein richtiges Steak konnten sich im 19. Jahrhundert, als *Beefsteak* ins Deutsche übernommen wurde, nur wenige leisten – und das waren im Fall des *Beefsteak* vor allem die höheren Kreise in Preußen, Sachsen und anderen nord- und ostdeutschen Staaten. Was das gesellschaftliche Leben betraf, orientierten sich diese Kreise immer weniger am französischen *savoir vivre*, sondern am *lifestyle* Eng-

lands, einschließlich dessen überschaubarer Kulinarik: So wurden der *Toast*, der *Pudding*, der *Keks* (ursprünglich die *Cakes*) und auch das *Beefsteak* im Deutschen im Laufe des 19. Jahrhunderts populär – Letzteres eben in einer etwas abgewandelten Form, die es auch breiteren Gesellschaftsschichten erlaubte, ein wenig an der englischen Lebensart teilzuhaben.

Auf Karte 03 kann man übrigens sehr schön sehen, wie sich die Sprache in Städten gern an dem Sprachgebrauch in größeren Gebieten mit Zentren orientiert: In Magdeburg, Leipzig und Dresden sagt man eher *Bulette* (wie im größeren Teil der ostdeutschen Bundesländer mit Berlin als Zentrum), und schon damit unterscheiden sich die Menschen in diesen Städten durch ihre Sprachverwendung von ihrem Umland.

Die Deutschschweizer beziehen sich bei dem Wort *Hacktätschli* wie auch beim *Hackplätzli* mit *Hack-* als erstem Wortbestandteil zunächst auf die Zerkleinerung des Fleisches und mit den beiden Verkleinerungsformen *-tätschli* und *-plätzli* auf die flache Form des Gerichts 04. *Tätsch* kann verschiedene Arten von flachrunden Speisen bezeichnen; so heißt etwa eine bestimmte Zubereitungsart von Kartoffelpuffern einfach *Tätschli*. In Vorarlberg verwendet man eine Mischung aus deutschschweizerischen und österreichischen Varianten, indem man das *Hack-* mit einer für die Region typischen Aussprachform von «Laibchen», nämlich *-loable*, zu *Hackloable* verbindet. In Südtirol sind *Fleischkrapfen* oder – wieder mit einer Verkleinerungsform – *Fleischkrapferl* die üblichen Varianten.

Gericht aus zerkleinerten Kartoffeln

Will man Kinder dazu bringen, Erdäpfel/Kartoffeln zu essen, sind zwei Zubereitungsarten besonders erfolgversprechend: zum einen das Zuschneiden in Stäbchen, die anschließend frittiert werden, zum anderen das Zerkleinern und Pürieren von gekochten Salzkartoffeln/-erdäpfeln unter Zugabe von Milch und Salz (oft auch Butter sowie Muskat und/oder anderen Gewürzen). Für die Masse, die daraus entsteht, gibt es im deutschsprachigen Raum meist zweiteilige Bezeichnungen 05.

Rostock
Stampfkartoffeln
Hamburg
Bremen
Hannover
Berlin
Kartoffelbrei
Dortmund
Kartoffelpüree
Köln
Leipzig
Kartoffelmus
Erfurt
Dresden
Mauke
Frankfurt
Stampf
Erdäpfelbrei
Püree
Luxemburg
Nürnberg
Mannheim
Stampes
Stuttgart
Linz
Wien
München
Basel
Bregenz
Zürich
Innsbruck
Erdäpfelpüree
Graz
Erdäpfelstock
Herdäpfelstock
Bern
Püree
Bozen
05

Bei den zweiteiligen Bezeichnungen besteht der eine Teil – entweder der erste oder der zweite – aus *Erdäpfel-* oder *Kartoffel-*. *Erdäpfel* sagt man heute in den meisten Gebieten Österreichs sowie in der deutschsprachigen Schweiz (wo es auch wie *Härdöpfel* oder *Herdöpfel* tönt). Das Wort *Erdäpfel* (auch in den aus *Erd-* und *-appel/-apfel* zusammengezogenen Formen *Erpel, Härpfl* o. ä.) gab es früher in vielen deutschen Dialekten, ebenso *Grundbirne* (bzw. in zusammengezogenen Formen wie *Grumper, Gromper, Grumbeere* o. ä.). Mit dem Rückgang der Dialekte in Deutschland sind diese Bezeichnungen dort aber weitgehend verschwunden. Als man die Knollen im 18. Jahrhundert zum ersten Mal als Nutzpflanze anbaute, hat man sie also sozusagen mit Äpfeln und Birnen verglichen – wie übrigens auch in Frankreich, wo sie *pommes de terre* («Erdäpfel») heißen. In Deutschland sagt man heute aber vorwiegend *Kartoffel*. Dabei handelt es sich um ein Lehnwort, das mit dem italienischen *tartufo* verwandt ist. Hier hat man also nicht an Äpfel oder Birnen, sondern an Trüffel gedacht – die ja äußerlich eine gewisse Ähnlichkeit mit Kartoffeln haben und ebenfalls in der Erde wachsen. Dem musste man dann naheliegenderweise nicht mehr *Erd-* oder *Grund-* voranstellen …

Der andere Bestandteil dieser zweigliedrigen Wörter bezieht sich oft auf die Art der Zerkleinerung, so etwa bei *Stampf(kartoffeln)*, oder auf die Konsistenz des fertigen Gerichts, z. B. *(Kartoffel-/Erdäpfel-)Püree, (Erdäpfel-)Brei, (Erdäpfel-)Stock* oder *(Kartoffel-)Mus*. In manchen Gebieten verwendet man aber auch nur eine Kurzform: *Stampf, Stampes* oder *Püree*.

Püree ist Anfang des 18. Jahrhunderts aus dem Französischen *purée* entlehnt worden und bewahrt meist noch die

Betonung des französischen Worts, das vom lateinischen *purare* («reinigen») kommt. Das zugrunde liegende Adjektiv *purus* («rein») kennen wir im Deutschen auch noch, besonders in nachgestellter Form in den Kontexten Alkohol und Werbung: *Whisky pur, Romantik pur, Flugerlebnis pur.* Als «gereinigt» wurde unter anderem ausgepresstes Obst oder Gemüse betrachtet, diese Bedeutung hat sich im Französischen dann durchgesetzt. Im 14. Jahrhundert konnte man dementsprechend auch noch burgundischen Wein als *purée de Bourgogne* bezeichnen, heute gehört eine eher dicke Konsistenz dazu. Gebräuchlich sind *Püree* und die entsprechenden Verbindungen vor allem in Südtirol (zum Teil noch als Zusammensetzung *Erdäpfelpüree*, meist aber nur noch in der Kurzform *Püree*), im Westen Deutschlands, in Teilen Schleswig-Holsteins, in Ostbelgien, Luxemburg, Vorarlberg und in Tirol (in der Form *Kartoffelpüree*) sowie in den anderen Gebieten Österreichs (in der Form *Erdäpfelpüree*). In den meisten Gebieten Deutschlands aber – außer eben im Westen, im hohen Norden und im Nordosten – ist das Wort *Brei* üblich, überwiegend in der Zusammensetzung *Kartoffelbrei. Brei* geht auf ein germanisches Wort zurück, das wohl entfernt mit verschiedenen Wörtern für «kochen, braten» verwandt ist, so mit dem Verb *braten* selbst.

Für Köche, die zu bequem sind, die Kartoffeln/Erdäpfel selbst zu stampfen und zu pürieren, gibt es fertige Mischungen, denen man nur noch Milch oder Wasser zugeben muss. Interessanterweise steht auf diesen Packungen meist *Kartoffelpüree* oder *Erdäpfelpüree*. Die Bezeichnung *Kartoffelbrei* findet man eher auf kleinen Gläsern mit Babynahrung – und das möchte wohl selbst der faulste Koch nicht seinen Gästen servieren.

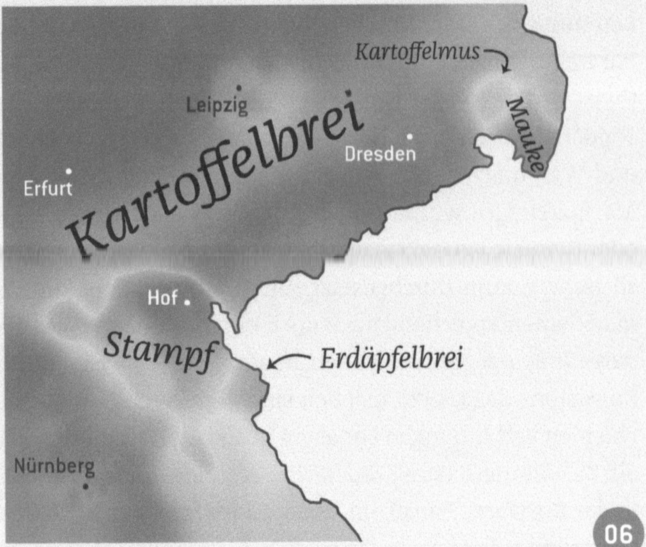

In einigen Gebieten der Oberpfalz sagt man *Erdäpfelbrei* 06. Weiter nordöstlich, in der Lausitz, werden zwei Bezeichnungen verwendet: in der Niederlausitz vornehmlich *Kartoffelmus*, in der Oberlausitz eher *Mauke*. Mit der gleichnamigen Pferdekrankheit hat *Mauke* hier wohl nichts zu tun. Vielmehr taucht das Wort nicht zufällig im Osten auf: Es geht auf das slawische Wort für «Mehl» zurück (sorbisch *muka*), das man wahrscheinlich schon mit der spezifischeren Bedeutung «Brei aus Mehl» übernommen hat – ein Wort für «Mehl» hatte man schon vorher. Mit der allgemeinen Verbreitung der Kartoffel im 18./19. Jahrhundert wurde die Bezeichnung in dieser Region dann vom alten Grundnahrungsmittel «Mehlbrei (Hirsebrei)» auf das neue Grundnahrungsmittel «Kartoffelbrei» übertragen. Das Wort in

Oberfranken ist wiederum aus seinen beiden Bestandteilen heraus verständlich: Dort ist *Kartoffelstampf* – oft verkürzt zu *Stampf* – üblich.

Im Nordosten Deutschlands, in Mecklenburg-Vorpommern, und teilweise auch noch im Oldenburger Land hat sich die umgekehrte Zusammensetzung *Stampfkartoffeln* erhalten, eine Bezeichnung, die früher z. B. auch in Westfalen und am Niederrhein gebräuchlich war 07. Es geht aber bei *Stampf-/-stampf* möglicherweise nicht nur um eine andere Bezeichnung, sondern auch um eine andere Zubereitungsart: Viele betrachten als klassische Zubereitungsweise dieser Speise nicht das Pürieren, sondern das Stampfen der gekochten Kartoffeln, bei dem kleine Kartoffelstücke in der Masse bleiben. Auch *Kartoffelmus* (oder *Muskartoffeln*) fand man vor einigen Jahrzehnten noch in verschiedenen Gebie-

07

ten im hohen Norden Deutschlands, ebenso wie *Quetschkartoffeln,* wie man vor allem in Berlin und Brandenburg noch oft sagte. Aber diese Bezeichnungen hat offenbar das Schicksal vieler Wörter ereilt, die früher nur kleinräumig verbreitet waren: Nachfolgende Sprechergenerationen orientieren sich an Wörtern, die auch überregional bekannt sind, und so kommen *Kartoffelmus, Quetschkartoffeln & Co* allmählich außer Gebrauch.

Im Westen Deutschlands, in Luxemburg und Ostbelgien sind vor allem *Kartoffelpüree* und *Püree* verbreitet, wobei in Luxemburg und Ostbelgien fast nur die Kurzform *Püree* verwendet wird (08). Wie beim französischen Wort *purée* weiß man dann schon, was das Ausgangsprodukt ist. Eine

08

besondere Bezeichnung hat sich in der Pfalz und im östlichen Saarland erhalten. Dort sagt man überwiegend noch *Stampes*. In diesem Wort steckt natürlich *Stampf*, allerdings wird dort eben nicht *-pf-* gesprochen, sondern *-p-*, so wie man dort in der Mundart nicht *Apfel* sagt, sondern *Appel*. Nach diesem Unterschied wird die Sprachlinie, welche das *Apfel-* und das *Appel*-Gebiet trennt, volkstümlich auch «Äppeläquator» genannt.

In der Schweiz und zum Teil im angrenzenden Südbaden verwendet man hingegen das Wort *Erdäpfelstock* bzw. *Herdäpfelstock* 09. Die Schweizer sagen manchmal auch einfach *Stocki*. *Stock* bedeutet in dieser Gegend «steifes Mus, Brei». Das Verb zu *Stock*, *stocken*, wurde zunächst nur in der Medizin verwendet, nämlich für das Dickflüssig-Werden bzw. Gerinnen des Blutes. Der Gebrauch wurde dann auf andere Flüssigkeiten ausgeweitet, wie z. B. flüssiges Ei (bestimmte Eierspeisen, wie z. B. Eierstich, muss man *stocken lassen*) oder auch Milch (so gibt es für Dickmilch auch die Bezeichnung *Stockmilch*). Darüber hinaus wurde *stocken* weiter auf alles Mögliche übertragen, was bildlich gesehen nicht mehr «fließt»: *Stocken* kann der Atem, die Unterhaltung, die Arbeit, der Verkehr auf der Autobahn. Ein bildliches «Hartwerden» steckt schließlich auch hinter dem Wort *verstockt*, das schon Luther auf hartnäckige Sünder bezieht – das man harmloser aber auch für ein Kind verwenden könnte, welches auf Pommes frites besteht und die Vorzüge von Kartoffelbrei absolut nicht einsehen will.

Man sieht auf Karte 09 auch sehr gut, dass in Vorarlberg sowie besonders in den Teilen von Tirol und Salzburg, die an Deutschland grenzen, nicht die sonst in Österreich übliche Form *Erdäpfelpüree* verwendet wird, sondern *Kartoffelpüree*, so wie man dort im Übrigen auch für das Knollengemüse nicht *Erdäpfel*, sondern *Kartoffeln* sagt. Die Südtiroler machen es wie die Belgier und die Luxemburger: Sie sagen ganz einfach *Püree*.

Anfangs- oder Endstück des Brotes

Manche mögen es besonders, die meisten aber würden es am Frühstückstisch lieber liegen lassen: das Anfangs- oder Endstück des Brotlaibs, das nicht so weich ist wie die *Scheibe,* die *Schnitte* oder das *Stück.* Im deutschsprachigen Raum gibt es Dutzende von Bezeichnungen für das knusprige Anfangs- oder Endstück.

Bei unserer Befragung hatten die Teilnehmer nicht weniger als 53 Varianten zur Auswahl:

Anhau	*Kante*	*Knäusle*	*Knorze*	*Küppchen/ Küppla*	*Raftl*	*Knippel*
Anschnitt	*Kanten*	*Knerzel*	*Knust*	*Küpple*	*Rämpftla u. Ä.*	*Scherz*
Chäppeli	*Kierschtsche*	*Knerzje*	*Knüstchen*	*Kürstchen*	*Ranft*	*Scherzel*
Ende	*Kipf*	*Knetzla*	*Köppla*	*Kuuscht*	*Ränftchen*	*Scherzerl*
Knorze(n)	*Kipfel*	*Kniesje*	*Korscht*	*Mirggel*	*Rankl*	*Zipfel*
Kübbele	*Kirschte*	*Knietzchen*	*Krust*	*Muger*	*Reifle*	
Chäppi	*Knäppchen/ Knäppke(n)*	*Knippchen*	*Krüstchen*	*Murggel/ Mürggel/ Mürggu*	*Riebele*	
Houdi	*Knäuschen*	*Knörzchen*	*Kruste*	*Mutsch*	*Rindl*	

Diese Vielfalt hat auch damit zu tun, dass es neben verschiedenen «Hauptwörtern» noch regional unterschiedliche Aussprache- und Verkleinerungsformen gibt, z. B. *Knüstchen* (von *Knust*).

Die Hitliste führen sechs Bezeichnungen an – im Uhrzeigersinn sind das **10**: *Kanten* im Nordosten Deutschlands, *Scherz* oder *Scherze(r)l* im Bairisch-Österreichischen, *Ende* im Süden Südtirols, *Anschnitt* im Südwesten, *Kruste* oder *Krüstchen* im Westen, *Knäppchen* in Westfalen und *Knust*

Rostock
Hamburg
Bremen
Knust
Berlin
Hannover
Knäppchen
Knäppke(n)
Kante(n)
Dortmund
Leipzig
Dresden
Köln
Erfurt
Knüstchen
Ränftchen o.Ä.
Kruste
Ranft
Frankfurt
Luxemburg
Knörzchen
Knäuschen
Mannheim
Nürnberg
Knetzla
Stuttgart
Linz
Wien
Anschnitt
München
Scherz
Scherze(r)l
Knäusle
Basel
Bregenz
Zürich
Innsbruck
Graz
Murggel
Mürggel
Mürggu
Raftl
Zipfel
Bozen
Kruste
Ende

im Nordwesten Deutschlands. Die Verbreitungsgebiete für *Knust* und *Kanten* treffen sich ungefähr an der alten innerdeutschen Grenze.

Interessant ist die Herkunft all dieser Wörter. Die Norddeutschen haben ihren *Knust* oder *Kanten* aus den niederdeutschen Dialekten beziehungsweise dem «Plattdeutschen» mit in die heutige hochdeutsche Alltagssprache übernommen: *knūst* bedeutete ursprünglich «knotiger Auswuchs, Knorren, Verdickung (an einem Stück Holz etc.)», und *Kanten* lässt sich – über das Mittelniederländische und Altfranzösische – bis auf das lateinische *cantus* zurückverfolgen, das eigentlich «Radreifen, Radfelge» bedeutete.

Bei *Scherz(e[r])l* glauben manche, dass sich die Bayern und Österreicher am südlichen Nachbarn orientiert haben: Sie führen das Wort auf eine Entlehnung aus dem italienischen *scorza* («Rinde») zurück. Näher liegt aber, an *scherze(l)* zu denken, was in Texten aus dem späten Mittelalter vorkommt und «abgeschnittenes Stück» hieß.

Neben den sechs genannten Bezeichnungen gibt es aber noch eine Reihe anderer Varianten, die auch eine große lautliche Vielfalt aufweisen. Wenn man in das Gebiet zwischen Frankfurt und Dresden zoomt, offenbart sich ein erstaunliches Nebeneinander verschiedener, zum Teil kleinräumiger Bezeichnungen 11: *Knörzchen* und *Knetzla* im Hessischen und Fränkischen sind beides Verkleinerungsformen von *Knorz*, das eine ähnliche Bedeutung wie niederdeutsch *knūst* hat – die Brotkruste an den Enden erinnert ja manchmal wirklich an «Auswüchse» oder «Knoten». Es kommt aber auch ein ganz anderes Wort zum Vorschein: *Ranft*, zu dem es sicher ein Dutzend verschiedene Verkleinerungs- und Ausspracheformen gibt, wie z. B. *Ränftchen*,

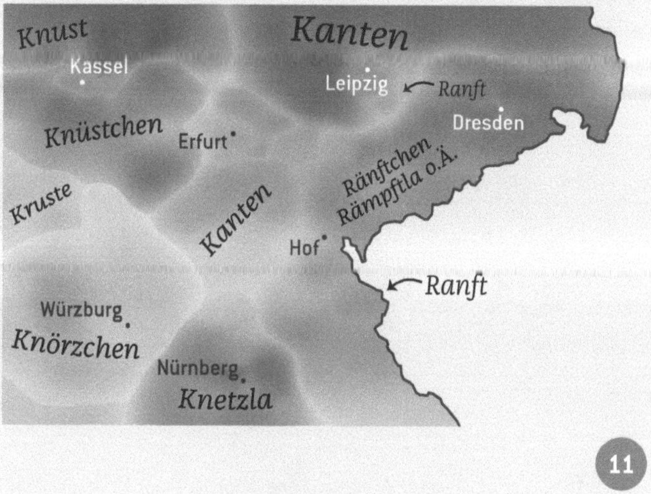

Rämpftla und andere. Auch hier lohnt ein Blick in die Sprachgeschichte: *Ramft* bzw. *ranft* bedeutete schon im Alt- und Mittelhochdeutschen, also vor einem Jahrtausend, «Brotrinde». Das zugehörige Verb *rimpfen* hatte die Bedeutung «zusammenziehen, einschrumpfen». Man kann sich auch hieran wieder schön vor Augen führen, wie unsere Vorfahren bei der Bezeichnung dieses Brotstücks von dessen Aussehen ausgegangen sind.

Auch in dem Gebiet von Tirol bis zur Steiermark gibt es kleinräumig verbreitete Wörter (12). Während in Tirol, im Salzburger Pinzgau und in der Steiermark *Scherz* bzw. *Scherze(r)l* verwendet werden, taucht in einem kleinen Gebiet in Kärnten daneben wieder das Wort *Ranft* auf, und zwar in der Form *Raftl* mit Ausfall des *-n-* und mit verkleinerndem *-l*. Auch ganz im Westen Tirols sowie im Norden des Burgenlands ist *Raftl* üblich – was man auf diesem Ausschnitt hier allerdings nicht sieht. Im nördlichen Teil Südtirol sagen die meisten zum Anfangs- oder Endstück des Brotlaibs *Zipfel*.

In der Schweiz und den angrenzenden (Bundes-)Ländern finden wir auf relativ kleinem Raum eine ausgeprägte Vielfalt an Wortvarianten (13): *Anschnitt* ist tatsächlich nur in der Zentralschweiz im Norden, aber auch in der östlichen Schweiz sowie in den angrenzenden Gebieten von Baden-Württemberg und Vorarlberg die vorherrschende Form. Ähnlich gebildet ist die Variante *Anhau*, nur eben nicht vom Verb *anschneiden*, sondern von *anhauen*. *Anhau* ist in einigen mittelländischen Regionen sowie in einem kleinen Gebiet im Osten der Schweiz sowie in Liechtenstein gebräuchlich. Im Westen, vor allem im Bernbiet, heißt es dagegen vorwiegend *Murggel*, *Mürggel* oder *Mürggu*. Das Verb *murgge* bedeutet in den Deutschschweizer Mundarten «zerdrücken, zerknittern»; *g'murgg(l)ig* kann entsprechend ein «mürber»

Teil des Brots sein. Im Wallis sagt man dagegen *Kruste* – wie im Westen Deutschlands, in Luxemburg und in Ostbelgien.

Die Ausschnittskarte für den Südwesten zeigt, dass zwischen *Kruste* im Norden und *Anschnitt* in der Schweiz kleinregional verschiedene Bezeichnungen in Gebrauch sind (14). Die Bezeichnung *Knorze* und ihre Verkleinerungsform *Knörzchen* werden in Teilen von Rheinland-Pfalz und Hessen verwendet. Ansonsten finden sich im Südwesten Deutschlands verschiedene Diminutive von *Knaus*. *Knaus* ist das hochdeutsche Pendant zu niederdeutsch *knūst*, so wie es zum hochdeutschen Wort *Schnauze* das niederdeutsche *Schnute* gibt. In Luxemburg und den angrenzenden Gebieten von Rheinland-Pfalz und dem Saarland heißt die

13

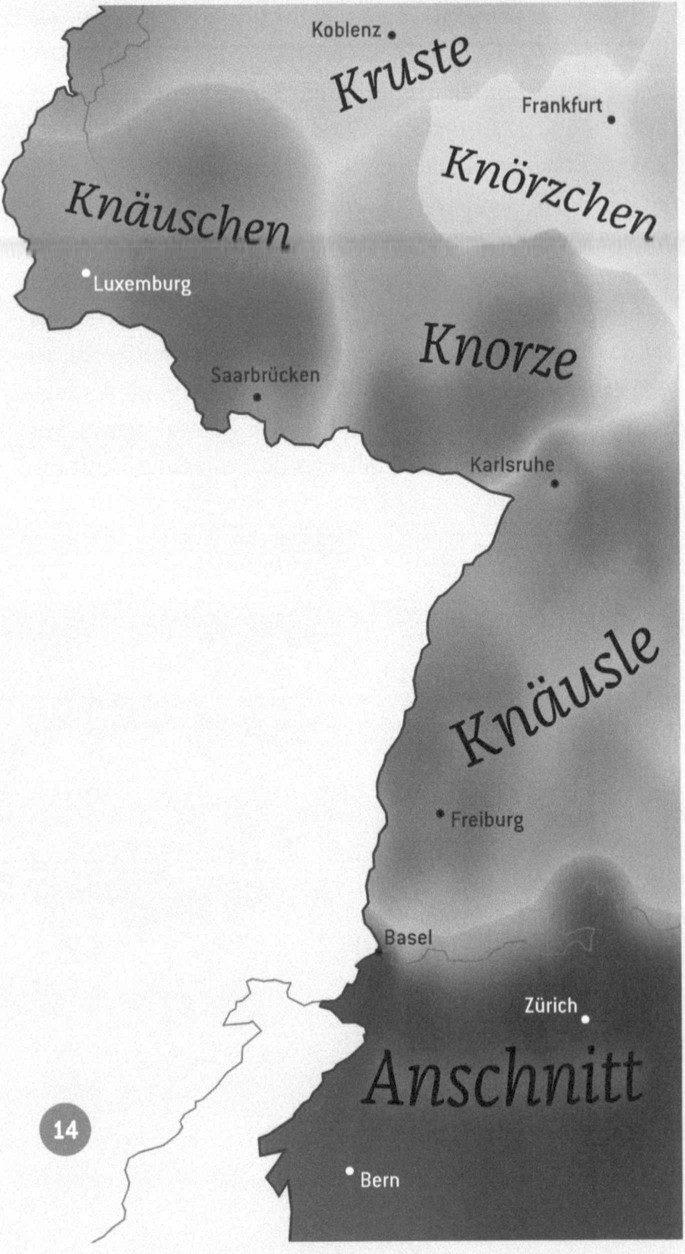
Koblenz
Kruste
Frankfurt
Knörzchen
Knäuschen
Luxemburg
Knorze
Saarbrücken
Karlsruhe
Knäusle
Freiburg
Basel
Zürich
Anschnitt
Bern

verkleinerte Form *Knäuschen*, und *Knäusle* in Baden-Württemberg ist die Verkleinerungsform mit der typisch badisch-schwäbischen Endung *-le*. Teilweise macht man im schwäbischen Gebiet noch einen deutlichen Unterschied zwischen dem Brotanschnitt und dem Endstück: Das *Knäusle* ist das Anfangsstück des Brotes, das knusprig ist und das manche mögen, das *Riebele* dagegen das vertrocknete Endstück. Das *Riebele* verwertet man dann noch in einer Brotsuppe, der *Riebelesupp(e)*.

Paprikafrucht (mild, groß)

Wie die *Kartoffeln* (bzw. *Erdäpfel* bzw. *Grundbirnen*) und die *Tomaten* (pardon: *Paradeiser*, wie sie in Teilen Österreichs heißen), so sind auch die verschiedenen Sorten der Paprikafrucht erst zu den Europäern gekommen, als diese Amerika für sich entdeckt hatten. Die milde, große Frucht, die es in Grün, Gelb oder Rot zu kaufen gibt, wird in Deutschland und Österreich als *Paprika* bezeichnet, ansonsten als *Peperoni*. Das ist aber nicht der einzige sprachliche Unterschied 15.

Rostock
Hamburg
Bremen
Berlin
Hannover
die Paprika
Dortmund
Köln
Leipzig
Dresden
Erfurt
Frankfurt
Luxemburg
Mannheim
Nürnberg
Stuttgart
Linz
Wien
München
der Paprika
Bregenz
Basel
Zürich
Innsbruck
Graz
die Peperoni
Bern
Bozen
der Peperoni

Auch wenn viele das Wort *Paprika* mit dem Ungarischen verbinden würden: Dahinter steckt ein serbisches Wort, nämlich *pàprika*, das – allenfalls mit einem Umweg über das Ungarische – ins Deutsche entlehnt wurde und das wie *Pfeffer* wohl auf lateinisch *piper* zurückgeht. Im Italienischen ist aus *piper* das Wort *pepe* geworden, davon abgeleitet ist *peperone*, und die Mehrzahl davon sind die *peperoni*. Nun müssen Köche natürlich aufpassen, was sie einkaufen, wenn im Rezept *peperoni* steht: In Deutschland wäre das die kleine, scharfe Paprikafrucht. In der Schweiz und in Südtirol kann man jedoch ohne Bedenken in die *Peperoni* beißen – da ist es das, was in Deutschland die *Paprika* wäre. Manche Deutsche werden sich jetzt fragen, ob die Schweizer und Südtiroler nicht auch gern einmal scharf essen. Die Antwort lautet: Doch, natürlich – aber dann kaufen sie halt *Peperoncini* (und die Österreicher übrigens *Pfefferoni*).

Oft geht es bei den wahrgenommenen Unterschieden in der Alltagssprache auch nur um das grammatische Geschlecht: Sagt man *das* oder *der Joghurt, der* oder *die Butter, der, die* oder *das Nutella,* kocht man *ein* oder *einen Gulasch*? Und wie ist es bei *Paprika*: Heißt es *die Paprika* oder *der Paprika*? Darüber lässt sich zwischen Deutschen, Belgiern und Luxemburgern auf der einen und Österreichern auf der anderen Seite trefflich streiten 16. Die einen werden auf *die Paprika* bestehen, die anderen auf *der Paprika* – wobei die Österreicher sich auch nicht einig sind: In der Mitte und im Osten Österreichs heißt es fast ausschließlich *der Paprika*. Auch in Niederbayern sagt man mancherorts so. Die Kärntner sowie die Vorarlberger würden sich aber eher den anderen Deutschen, den Belgiern und den Luxemburgern anschließen und *eine Paprika* auf die Einkaufsliste schreiben. *Der Paprika* nennt man hier höchstens das Gewürzpulver. Wie kommt es dazu, dass es selbst beim grammatischen Geschlecht regionale Unterschiede gibt? Nicht zufällig betrifft diese Frage Substantive aus anderen Sprachen. Wenn sie ins Deutsche entlehnt werden, brauchen sie ein grammatisches Geschlecht. Dann kann man entweder das Geschlecht aus der «Gebersprache» übernehmen. So haben sich die einen im Fall von *der Paprika* offenbar daran orientiert, dass *pàprika* auch im Serbischen maskulin ist. Bei der Zuweisung des grammatischen Geschlechts richten sich Sprecher des Deutschen aber häufig auch nach lautlichen Merkmalen. Endet das Substantiv auf den Vokal *-a*, dann neigt man eher dazu, es als Femininum zu sehen – dann sagen andere also *die Paprika*. Und vielleicht denkt man dabei auch daran, dass Gemüsenamen, die auf einen Vokal enden, meist feminin sind (*die Bohne/Fisole, die Karotte/Möhre, die*

Gurke). So gesehen, passt auch *die Paprika* gut ins Schema. Gewürzbezeichnungen sind dagegen etwa meist maskulin, wie etwa *der Kümmel, der Senf, der Pfeffer* – und eben *der Paprika*, wenn das «pulverförmige scharfe Paprikagewürz» gemeint ist.

Uneins sind sich auch die Südtiroler über das grammatische Geschlecht von *Peperoni*: Im Westen heißt es eher *der Peperoni* (auch im Italienischen ist *peperone* männlich), im Osten dagegen – wie in der Schweiz und in Liechtenstein – *die Peperoni*. Hier rührt die Uneinigkeit allerdings von einem Problem her, das man auch von Bezeichnungen anderer Lebensmittel italienischer Herkunft kennt (etwa *Zucchini, Spaghetti, Maccheroni* usw.): Es handelt sich um Dinge, von denen man normalerweise mehr als ein Exemplar isst. Man redet also meistens in der Mehrzahl über sie. Die Mehrzahl wird aber im Italienischen (wie im Lateinischen) nach einem anderen Prinzip gebildet als im Deutschen (oder im Spanischen): Man hängt nicht eine Endung an, zum Beispiel *-n* oder *-s* (*eine Bohne, zwei Bohnen; un taco, dos tacos*), sondern ersetzt die vorhandene Endung *-e* durch *-i* (wie man auch bei Wörtern aus dem Lateinischen die komplette Endung austauscht: *ein Visum, zwei Visa; ein Praktikum, zwei Praktika*). Für deutsche Ohren hat *Peperoni* oder *Zucchini* nichts von einer Mehrzahlform, man kommt nicht von da zur Einzahl *Peperone* beziehungsweise *Zucchino*. Also verwendet man die häufigere Form auf *-i* auch für die Einzahl. Da man in der Mehrzahl auch das Geschlecht nicht erkennt, ist das *die* in der Mehrzahl dann ein weiterer Grund, auch in der Einzahl *die* zu sagen.

Rundes Gericht aus Mehl, Milch und Eiern

Ähnlich beliebt wie unser Fleischkloß von weiter vorne ist in allen deutschsprachigen Ländern und Regionen «ein rundes, flaches, (meist) süßes Gericht aus einem Teig aus Mehl, Milch und Eiern», da es sehr leicht herzustellen ist, mit Süßem, Salzigem oder Saurem belegt werden kann – und alle davon satt werden! Was die Bezeichnungen für diese Speise betrifft, kann es jedoch zu großen Missverständnissen kommen …

Rostock
Hamburg
Bremen
Pfannkuche(n)
Pfanne(n)kuche(n)
Hannover
Eierkuchen
Berlin
die Plinse
der Plinz
Dresden
Dortmund
Leipzig
Erfurt
Köln
Frankfurt
Luxemburg
Pangech
Mannheim
Nürnberg
der Palatschinken
Pannekuche(n)
Stuttgart
Pfannkuche(n)
Linz
Wien
München
die Palatschinke
Bregenz
Basel
Zürich
Innsbruck
Graz
die Om(e)lette
das Om(e)lett
Bern
Bozen

Aber der Reihe nach: Im größten Teil Deutschlands, in Ostbelgien und Luxemburg sagt man zu diesem Gericht – in verschiedenen Aussprachevarianten – *Pfannkuchen*. Wer dazu *Om(e)lett(e)* sagt, kommt entweder aus der Schweiz, Liechtenstein, Südtirol oder aus dem Westen Österreichs. Und als *Palatschinke(n)* steht es in den meisten Regionen Österreichs auf der Speise- oder Menükarte 17.

Wer im Osten Deutschlands in einer Gaststätte *Pfannkuchen* bestellt, wird ziemlich sicher an die nächste Bäckerei verwiesen werden, denn *Pfannkuchen* bezeichnet dort ein mit Marmelade oder einer süßen Creme gefülltes Fettgebäck, das anderswo *Krapfen* oder *Berliner* heißt (wobei *Berliner* wiederum nur die Kurzform von *Berliner Pfannkuchen* ist) 18. Das flache Gericht dagegen, das man zu Hause in der Pfanne zubereitet, nennt man dort *Eierkuchen*. Die Grenze zwischen den Gebieten in Deutschland, in denen man *Pfann(en)kuche(n)* und in denen man *Eierkuchen* sagt, stimmt erstaunlich klar mit der Grenze zwischen den ostdeutschen und den anderen Bundesländern überein. Nur im westlichen Mecklenburg gibt es ein Übergangsgebiet. Deshalb ist es auf dem Kartenausschnitt dort zwischen Rostock, Lübeck und Wittenberge heller eingefärbt. In Mecklenburg hat sich mancherorts auch noch die Kompromissform *Eierpfann(en)kuchen* erhalten.

Im Umkreis des sorbischen Sprachgebiets, das heißt im östlichen Sachsen und südlichen Brandenburg, findet sich ein ganz anderes Wort: *die Plinse* (weiblich mit *-e*) oder *der Plinz* (männlich ohne *-e*). Hier hat sich das sorbische Wort *blinc* im Deutschen dieser Region durchgesetzt, was eigentlich die Bezeichnung für einen «dünnen Buchweizenkuchen» ist. Bekannt sind in deutschen Küchen ja inzwischen

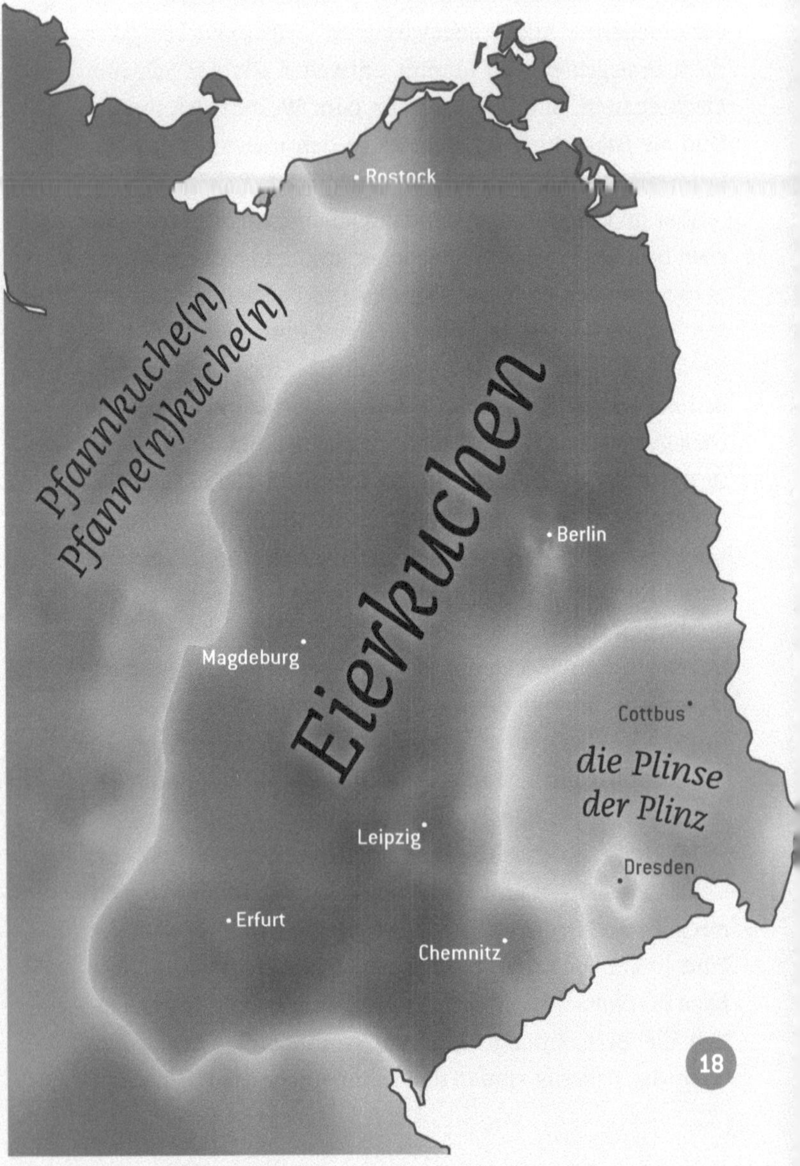
Rostock
Pfannkuche(n)
Pfanne(n)kuche(n)
Eierkuchen
Berlin
Magdeburg
Cottbus
die Plinse
der Plinz
Leipzig
Dresden
Erfurt
Chemnitz

auch die russischen *Blini* (zu *blin* «Fladen, Pfannkuchen»). Typisch ist, dass sich eine Großstadt wie Dresden, die eigentlich auch in diesem Gebiet liegt, eher dem überregionalen Sprachgebrauch angeschlossen hat und die Menschen dort schon überwiegend *Eierkuchen* sagen.

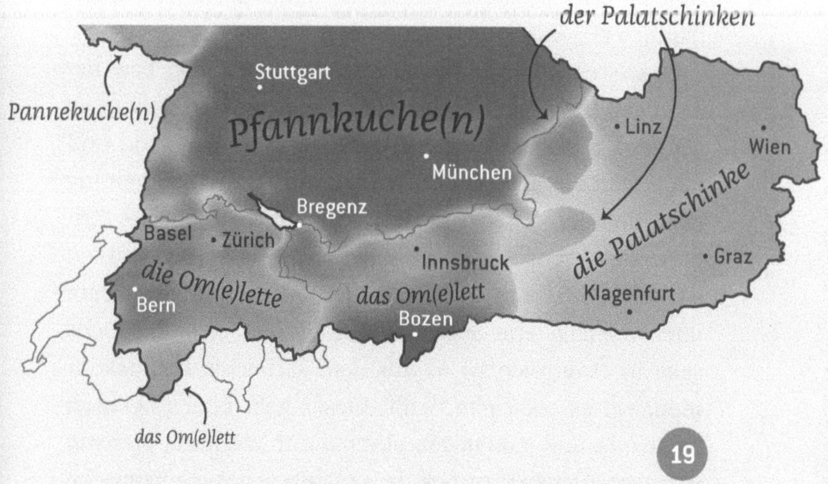

In der Schweiz, in Liechtenstein, in Südtirol und in Österreich muss man ebenfalls genauer hinschauen und hinhorchen (19). Wie im Fall *Plinse/Plinz* gibt es auch hier Lehnwörter mit Varianten, die sich je nach Gebiet nicht nur in Schreibung und Aussprache, sondern auch im grammatischen Geschlecht unterscheiden. In der Schweiz heißt es zumeist *die Om(e)lette*; häufig wird das *-e* am Ende mitgesprochen (mit einer Betonung auf der vorletzten Silbe). Das ist ein Grund mehr, diese Wortform – wie im Französischen –

mit dem weiblichen Artikel zu verwenden, denn auch die meisten anderen deutschen Wörter auf *-e* sind feminin. Im Wallis, in Teilen Graubündens, in Liechtenstein, in Vorarlberg, Tirol und in Südtirol hingegen sagt und schreibt man *das Om(e)lett* (ohne *-e*). Auch hier muss man achtgeben bei der Bestellung: In Deutschland versteht man unter einem *Omelett* etwas anderes als unter *Pfannkuchen/Eierkuchen*, nämlich ein ohne Mehl zubereitetes Eiergericht.

In weiten Teilen Österreichs ist *die Palatschinke* bzw. *der Palatschinken* üblich, wobei das Gericht zumeist dünner ist als etwa der *Pfannkuchen/Eierkuchen* in Deutschland und häufig mit Füllung serviert wird. Diese Art der Zubereitung entspricht also eher dem, was andernorts in jüngerer Zeit unter dem französischen Namen *Crêpe* bekannt geworden ist. Das Wort *Palatschinke* hat eine Entlehnungsgeschichte über verschiedene Sprachfamilien hinter sich: Ins Deutsche in Österreich ist es aus dem Tschechischen gekommen, wo es *palačinka* heißt. Dieses geht über ungarisch *palacsinta* und rumänisch *plăcintă* auf lateinisch *placenta* («flacher Kuchen») zurück. Ja, genau: wie das medizinische Fachwort *Plazenta* für «Mutterkuchen». Aber daran wird hoffentlich niemand denken, wenn er eine *Palatschinke* verspeist. Die Endung auf *-e* deutet wieder auf das weibliche Geschlecht, also *die Palatschinke*, wie man es meist sagt und schreibt. Die männliche Form, *der Palatschinken*, wie man sie im Bundesland Salzburg (aber seltener in der Stadt Salzburg) und im Innviertel benutzt, erklärt sich wohl aus einer Umdeutung der Form der Mehrzahl (*eine Palatschinke, zwei Palatschinken*), die an *den Schinken* denken lässt. Mit einem Schinken aus Fleisch hat *der Palatschinken* nichts zu tun – es sei denn, man belegt oder füllt ihn damit. Da häufig

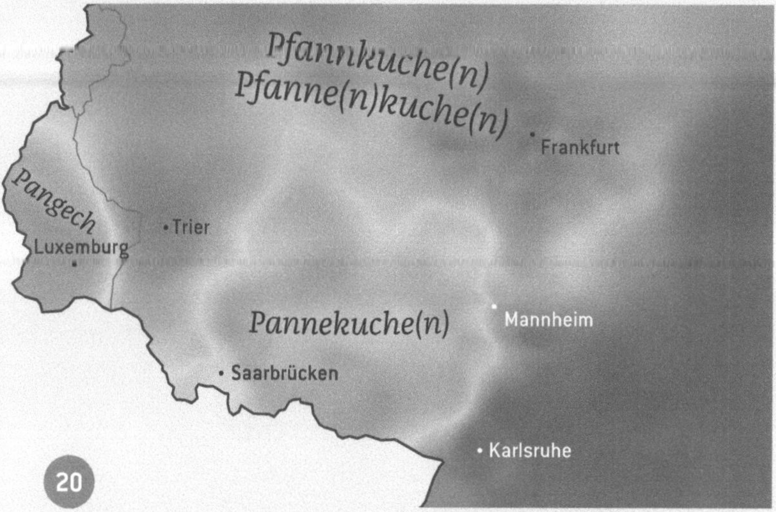

mehrere der dünnen Pfannkuchen serviert werden, ist der Singular weniger bekannt, ähnlich wie bei *Crêpes*.

Den *Pfann(en)kuchen* gibt es aber nicht nur mit verschiedenen Belägen, sondern auch in verschiedenen Ausspracheformen. Der Ausschnitt aus dem deutschen Westen mit Luxemburg zeigt einige charakteristische Varianten 20: Die hochdeutsche Form mit *Pf-* oder eher nur *F-* am Anfang wird auch dort im niederdeutschen Gebiet und im nördlichen Rheinland verwendet, wo man im Dialekt *Pannekok* oder Ähnliches sagt. Nur mit *P-* am Anfang und selten mit *-n* am Ende, also *Pannekuche(n)*, wird das Wort vor allem im Saarland und in der Pfalz (eigentlich ja: *Palz* ...) ausgesprochen. Auch die Luxemburger sprechen nur *P-* am Anfang; geschrieben hat *Pangech* nur noch wenig Ähnlichkeit mit *Pfannkuchen*, aber es ist im Grunde dasselbe Wort.

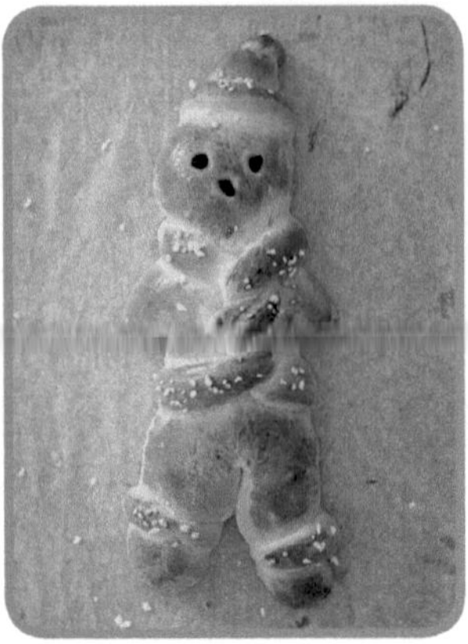

Süßes Gebäckmännchen (in der Vorweihnachtszeit)

Nicht überall bekannt ist das süße Hefegebäck in Form einer menschlichen Gestalt – auch als «Gebildbrot» bezeichnet –, das am Martinstag (11. November) oder in der Vorweihnachtszeit (vor allem zu St. Nikolaus, also am 6. Dezember, oder am Vortag) gebacken wird. Dort, wo es bekannt ist, hat man wohl überwiegend eine männliche Figur darin gesehen. Viele der Bezeichnungen für das Gebäck enden deshalb auf *-mann* oder *-kerl* 21.

Rostock
Hamburg
Bremen
Lebkuchenmann
Berlin
Hannover
Stutenkerl
unbekannt oder
Pfeffer-/Lebkuchenmann
Dortmund
Leipzig
Dresden
Erfurt
Köln
Pfefferkuchenmann
Frankfurt
Weck(en)mann
Weck(en)männchen
Luxemburg
Mannheim
Nürnberg
Stuttgart
unbekannt
Dambedei
Linz
Wien
Weck(en)mann
München
Krampus
Klausenmann
Grättimann
Basel
Zürich
Bregenz
Innsbruck
Graz
Grittibänz
unbekannt
oder Krampus
Bern
Bozen

So sind im Westen, ganz im Südwesten Deutschlands sowie in Ostbelgien *Weckmann* oder *Weckenmann* bzw. die Verkleinerungsformen *Weckmännchen* und *Weckenmännchen* verbreitet und im Nordwesten *Stutenkerl*.

Im Rest Deutschlands – wie auch im Westen Österreichs und in Südtirol – ist das Gebäck dagegen gerade bei Jüngeren weitgehend unbekannt. Im hohen Norden und im Osten Deutschlands kennt man es hier und da noch als *Lebkuchenmann* oder als *Pfefferkuchenmann*. Unter *Lebkuchen* und *Pfefferkuchen* kann man sich noch etwas vorstellen. Aber was bedeuten *Weck* und *Stuten*? Man kennt *Weck(en)* im Rheinland meist als süßes Gebäck aus Weizenmehl, oft mit eingebackenen Rosinen oder Korinthen. Im Südwesten ist *Weck(en)* dagegen das normale Wort für ein kleines Weizenbrot. *Weck* und *Stuten* beziehen sich ursprünglich auf die Form eines bestimmten Gebäcks: *Weck* bedeutete zunächst nur «Keil»; diese Bezeichnung ging schon früh und in vielen Regionen auf ein entsprechend geformtes Weizenmehlgebäck über. Das im Mittelniederdeutschen (also etwa vom 13. bis zum 16. Jahrhundert) verwendete Wort *stūt*, *stute* bezeichnet auch den «dicken Teil des Oberschenkels». Ein *Stuten* ist danach ein «schenkelförmiges» Brot.

In Österreich (außer im Westen) und in der Schweiz hat man den gebackenen Männern Namen gegeben: In Österreich heißen sie *Krampus*, benannt nach dem furchteinflößend aussehenden Begleiter des St. Nikolaus (in der Deutschschweiz meist als *Schmutzli* und im Rheinland als *Knecht Ruprecht* bekannt). Dem *Krampus* ist in Teilen der Alpen ein ausgeprägtes regionales Brauchtum gewidmet, z. B. der «Krampuslauf» – anderswo heißt es «Klausentreiben» oder «Klausjagen» – in der Adventszeit.

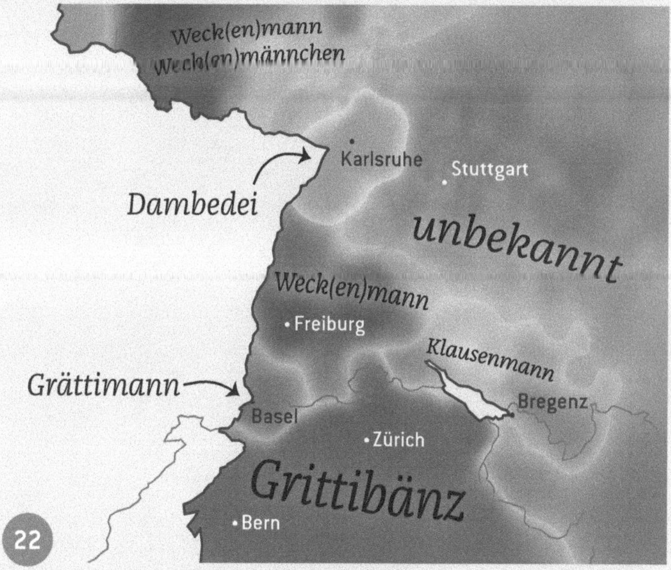

In der Schweiz heißt das Gebäck meist *Grittibänz*. *Bänz* ist eine Kurzform von *Benedikt* oder auch *Bernhard*, zwei früher geläufigen Männernamen, und *gritte(n)* bedeutet «die Beine spreizen/grätschen». Der *Grittibänz* ist also der gebackene Benedikt oder Bernhard, der mit gespreizten Beinen dasteht – bzw. fertig gebacken auf dem Blech liegt.

Schaut man im Südwesten näher hin, so entdeckt man in der Basler Gegend auch noch *Grättimann* 22. Im nördlichen Bodenseeraum bis zum Allgäu kennt man das Gebäck als *Klausenmann*; hier stand der heilige *Nikolaus* Pate. Da hat man also wieder zwei Wörter, die – nach dem oben genannten Muster – auf *-mann* enden.

Eine lokale Spezialität ist schließlich die Bezeichnung *Dambedei* in der Gegend um Karlsruhe in Baden. Woher das

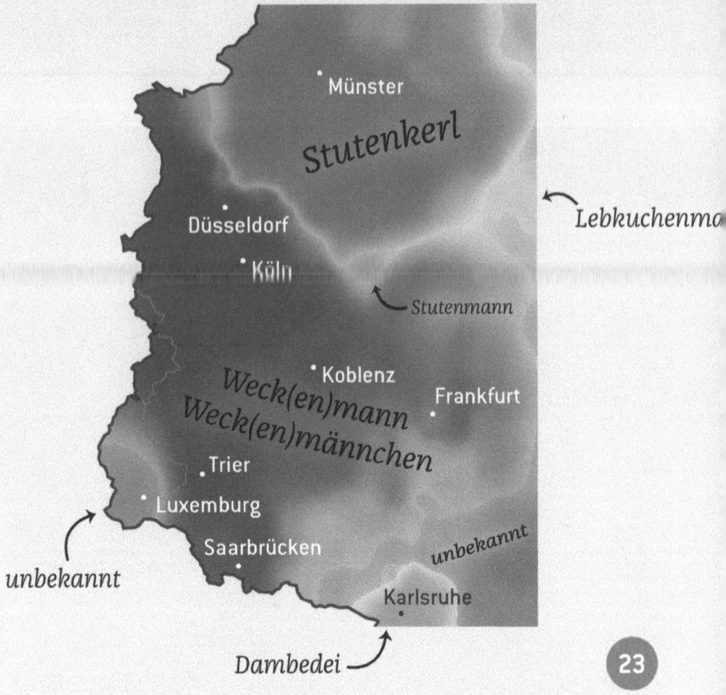

Wort stammt, ist nicht ganz sicher. Man hat mit *Dambedei* jedenfalls auch eine Puppe aus Lumpen oder eine dumme bzw. ungeschickte Person bezeichnet. Mit *Dei* werden in dieser Region auch andere traditionelle Gebildbrote aus Hefeteig bezeichnet, z. B. *Christdei(h)*, die es zu Weihnachten gibt.

Ein genauerer Blick auf den Westen lässt erkennen, wie scharf sich dort das Gebiet, in dem man *Weckmann* sagt, von dem *Stutenkerl*-Gebiet abgrenzt (23). Und zwar ist das ungefähr genau die Linie, wo die Grenze zwischen Nordrhein und Westfalen verläuft! In dem Bundesland Nordrhein-Westfalen, das 1946 gegründet wurde, ist in siebzig Jahren schon viel zusammengewachsen. Selbst an den ursprünglichen Vorlieben für Kölsch und Alt-Bier auf der einen und Pils auf der anderen Seite kann man (Nord-)Rheinländer und Westfalen nicht mehr deutlich unterscheiden – aber an der Sprache, etwa am Gebrauch von *Weckmann* und *Stutenkerl*, offenbar schon noch. Da gibt es wenig Kompromisse, bis auf die «vermittelnde» Form *Stutenmann*, die man in wenigen kleinen Gebieten in der Übergangszone verwendet. Solche «Kompromissformen», die ein bisschen vom einen (*Stuten-*) und vom anderen (*-mann*) haben, treten typischerweise in Übergangsgebieten auf. Man denke nur an die Wörter *Rotkohl* im Norden und *Blaukraut* im Süden, zwischen die sich ein breiter Gebietsstreifen schiebt, in dem man *Rotkraut* sagt.

WAS WIR ZU BESTIMMTEN ZEITEN UND TERMINEN SAGEN

Uhrzeit «10:15 Uhr»

Solche Missverständnisse passieren täglich: Gesprächspartner oder Freunde wollen sich für «10:15 Uhr» oder «10:45 Uhr» verabreden, aber das geplante Treffen geht schief, weil nicht immer klar ist, wie man es mit der Angabe der Viertelstunde vor oder nach einer vollen Stunde hält. Das liegt aber nicht an unterschiedlichen Zeitrechnungen, sondern nur an den Bezeichnungen.

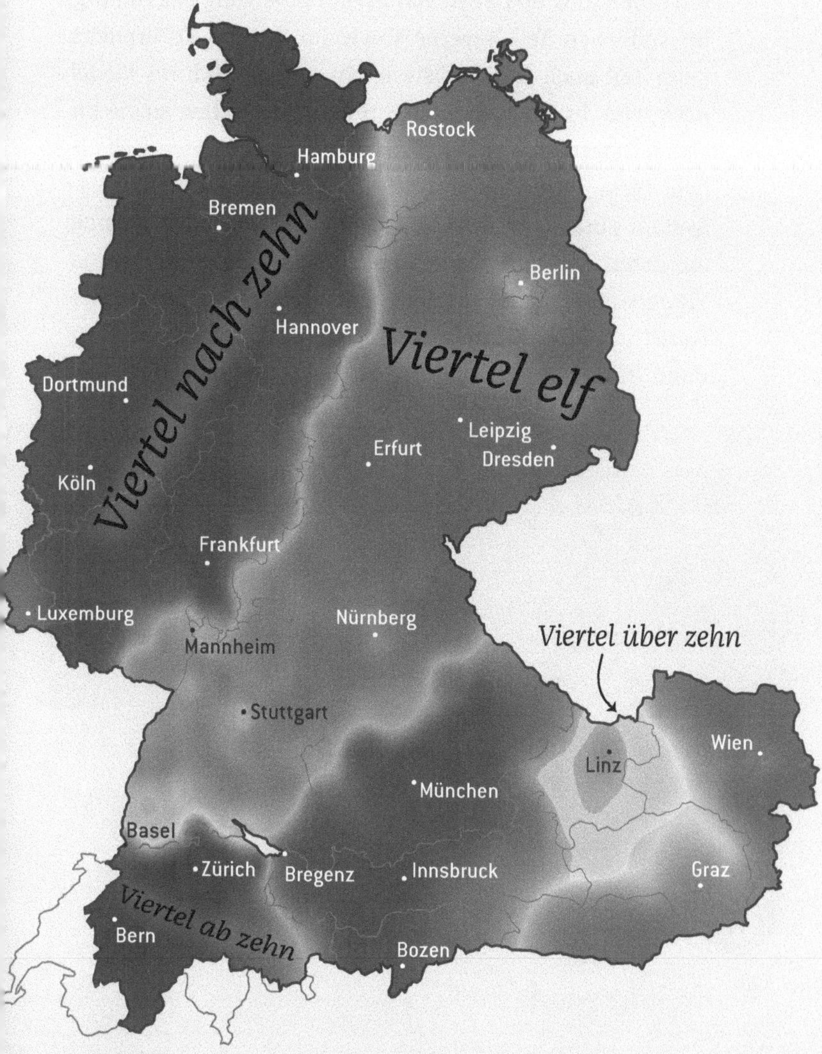
Rostock
Hamburg
Bremen
Viertel nach zehn
Berlin
Hannover
Viertel elf
Dortmund
Leipzig
Erfurt
Dresden
Köln
Frankfurt
Luxemburg
Nürnberg
Viertel über zehn
Mannheim
Stuttgart
Wien
Linz
München
Basel
Zürich
Bregenz
Innsbruck
Graz
Viertel ab zehn
Bern
Bozen

Bei der Uhrzeit tun sich deutliche Gegensätze zwischen den Regionen auf (24): So sagt man für «10:15 Uhr» im Nordwesten und Südosten Deutschlands, in Ostbelgien, Luxemburg, im südlichen Teil Bayerns sowie im Westen Österreichs (zum Teil auch in Oberösterreich) und in Südtirol *Viertel nach zehn*. In einem breiten Streifen dazwischen sowie im Osten Österreichs und in Kärnten ist dagegen *Viertel elf* üblich. Diese Bezeichnung geht auf ein altes «oberzähliges» System zurück, in dem von der nächstfolgenden Stunde aus gerechnet wird: *Viertel elf* heißt nichts anderes als «eine Viertelstunde auf elf Uhr hin». Entsprechend bedeutet *Dreiviertel elf* «drei Viertelstunden auf elf Uhr hin», das ist dann in Ziffern «10:45». Bei der halben Stunde («10:30»)

wird diese Zählweise im ganzen Sprachgebiet praktiziert: Zum Entsetzen von Deutschlernern mit anderer Muttersprache heißt es da überall nicht *halb nach zehn* (wie englisch *half past ten*), sondern *halb elf*. Mit diesem System hängt auch noch der Ausdruck *anderthalb* für «1½» zusammen, denn man meint damit «die Hälfte vom anderen, d. h. dem Zweiten».

In der Deutschschweiz heißt es dagegen *Viertel ab zehn*. Diese Bezeichnung funktioniert wieder nach demselben System wie *Viertel nach zehn*: Bis zur halben Stunde orientiert man sich nach der vorigen vollen Stunde, ab der halben Stunde nach der nächsten vollen Stunde. Es heißt dann also auch in der Schweiz *Viertel vor elf* für «10:45».

Im größten Teil Oberösterreichs (Städte wie Linz scheren da aber schon aus!) sowie in Teilen Niederösterreichs und der Nordsteiermark ist für «10:15» auch die Bezeichnung *Viertel über zehn* verbreitet, die wiederum wie *Viertel nach zehn* zählt (25). Um sich mit den Nachbarn zu verständigen, muss man also gegenüber *Viertel über zehn* nur die Präposition tauschen, gegenüber *Viertel elf* aber gleich sein zeitliches Begriffssystem. Leute aus dem einen Gebiet schimpfen gern darüber, dass die Uhrzeitensprache des anderen Gebiets unlogisch sei – aber kann man wirklich sagen, dass eines logischer wäre als das andere?

Beim Anstoßen auf den Jahreswechsel

An den letzten Tagen des alten Jahrs wünschen sich Menschen in allen deutschsprachigen Gebieten einen *guten Rutsch*. Für die Herkunft von *Rutsch* gibt es zwei Erklärungsansätze: Das Wort könnte sich zum einen aus der hebräischen Bezeichnung für das jüdische Neujahrsfest, *Rosch haschana* (wörtlich: «Anfang/Haupt des Jahres»), entwickelt haben und über das Jiddische ins Deutsche gekommen sein. Oder *Rutsch* ist hier im Sinne von «(kurze) Reise» zu verstehen, wie es schon im Grimm'schen Wörterbuch verzeichnet wird. Danach würde man sich also scherzhaft eine «gute Reise» ins neue Jahr wünschen. Was man sich dann aber zum und im neuen Jahr gegenseitig wünscht, ist von Region zu Region erstaunlich unterschiedlich.

Prost Neujahr
Rostock
Hamburg
Bremen
Frohes neues Jahr
Berlin
Hannover
Frohes neues
Gesundes neues Jahr
Dortmund
Leipzig
Erfurt
Dresden
Köln
Prost Neujahr
Frankfurt
Gesundes neues
Luxemburg
Nürnberg
Mannheim
Stuttgart
Prosit Neujahr
Wien
Linz
Gutes neues Jahr
München
Basel
Bregenz
Zürich
Innsbruck
Graz
Gutes neues
Bern
Bozen

Es geht nun also um die regional unterschiedlichen Wunschformeln, die man beim Anstoßen in der Silvesternacht um 0:00 Uhr oder an den ersten Tagen des neuen Jahres verwendet 26. Die Herkunft der Bezeichnungen ist dabei klarer als bei *guten Rutsch*: Man wünscht sich ein *Gutes*, ein *Frohes* oder ein *Gesundes neues Jahr* – oder mit der lateinischen Formel: *Prosit Neujahr* bzw. kurz *Prost Neujahr* (aus lat. *prosit* «es möge nützlich sein»). *Pros(i)t Neujahr* ist eine Formel, die wahrscheinlich Anfang des 18. Jahrhunderts über das Studentenlatein in einen allgemeineren Sprachgebrauch gekommen ist. Wie wir bei unserer Umfrage im Vergleich der Antworten von älteren und jüngeren Sprechern feststellen konnten, sind gerade in der jüngeren Generation Kurzformen dieser Wunschformeln üblich geworden. Man sagt also vielfach nur noch *Gutes neues, Frohes neues* oder *Gesundes neues*. Das ist aber nichts Ungewöhnliches, sagt man doch etwa beim Essen häufig auch nur *Einen guten!* oder *E(n) guete!* statt *Einen guten Appetit!* – oder im hohen Norden *Moi(e)n!* statt *Moi(e)n Dag!* («Schönen/Guten [Tag])»). Menschen wählen beim Sprechen (wie auch sonst) oft den bequemeren Weg: Weshalb soll man mehr Wörter verwenden als nötig, um verstanden zu werden?

Ein *Frohes neues (Jahr)* wünscht man sich traditionell fast im ganzen Norden Deutschlands und in Ostbelgien. In Luxemburg, Rheinland-Pfalz und in Unterfranken ist *Prost Neujahr* üblich. *Prost* oder *Prosit* kennt man natürlich anderswo auch als Spruch beim Zutrinken bzw. «Zu*prosten*» im Sinne von «Wohl bekomm's», und manche kennen es auch noch als Wunschformel, wenn jemand geniest hat. Ein *Gesundes neues (Jahr)* wünscht man sich in Ober- und Mittelfranken sowie in Teilen Thüringens und Sachsens. Im

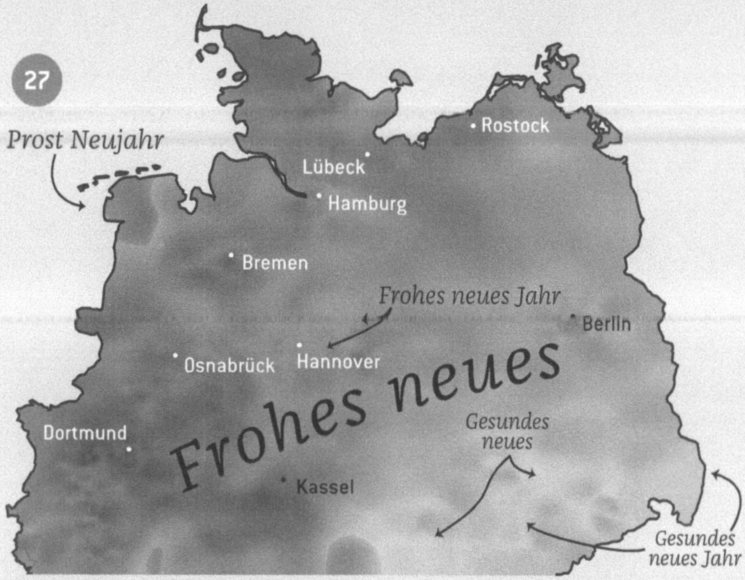

Süden Deutschlands sowie in der Schweiz, in Südtirol und in den meisten Gebieten Österreichs ist *Gutes neues (Jahr)* der überwiegend genannte Neujahrswunsch. *Prosit Neujahr* sagt man vor allem im Osten Österreichs. Was wäre etwa das traditionelle Neujahrskonzert der Wiener Philharmoniker, wenn nicht am Ende die Orchestermitglieder ein kräftiges *Prosit Neujahr* in die Welt hinausschmetterten?

Wenn man in der Nordhälfte Deutschlands genauer hinschaut und hinhört, wird man erkennen, dass sich dort nicht alle zu Neujahr ein *Frohes neues* oder ein *Frohes neues Jahr* wünschen – Letzteres übrigens besonders um Hannover herum (27). In Ostfriesland etwa ist *Prost Neujahr* üblich. Im Osten Deutschlands hat sich der Sprachgebrauch von einer Generation auf die andere offenbar sehr schnell geändert: Noch vor wenigen Jahren ergab eine andere Umfrage,

dass die Wunschformel *Gesundes neues (Jahr)* in ganz Thüringen und Sachsen und darüber hinaus in Sachsen-Anhalt und Brandenburg üblich war. Heute sind es nur noch wenige Gebiete in Thüringen und Sachsen, wo *Gesundes neues (Jahr)* die am häufigsten gemeldete Wunschformel zum neuen Jahr ist.

In der Mitte des deutschsprachigen Gebiets scheint der Sprachgebrauch ebenfalls in Bewegung zu sein (28). Das sieht man zum einen an den vielen kleinen Gebieten mit unterschiedlichen Wunschformeln zum neuen Jahr, zum anderen am Vergleich mit der Umfrage von 2010/11. Damals standen sich im Osten ein Gebiet, in dem man *Gesundes neues (Jahr)* sagte, und ein zusammenhängendes Gebiet im Westen, in dem *Prost Neujahr* gesagt wurde, gegenüber. Und südlich von diesen beiden Gebieten, in Baden-Württemberg und den nichtfränkischen Regionen Bayerns, wünschte man sich offenbar überall ein *Gutes neues (Jahr)*. Am auffälligsten ist, dass inzwischen in einigen dieser Gegenden *Frohes neues (Jahr)* üblich geworden ist. Diese teilen nun das *Prost-Neujahr*-Gebiet und schieben sich in Hessen und im Norden Baden-Württembergs wie ein Keil dazwischen, der nach Süden weist.

Auch um die städtischen Zentren München und Augsburg herum ist *Frohes neues (Jahr)* inzwischen am geläufigsten 29. In den meisten Gebieten Österreichs kürzt man den Neujahrswunsch – im Gegensatz zum Süden Deutschlands, zur Schweiz und zu Südtirol – noch nicht ab, sondern sagt *Gutes neues Jahr*. Die Wunschformel *Prosit Neujahr* ist, wie wir schon gesehen haben, ein Markenzeichen des Ostens von Österreich. Man verwendet sie aber auch in der Umgebung der Landeshauptstädte von Kärnten und der Steiermark – Graz und Klagenfurt wirken wie kleine *Prosit-Neujahr*-Inseln.

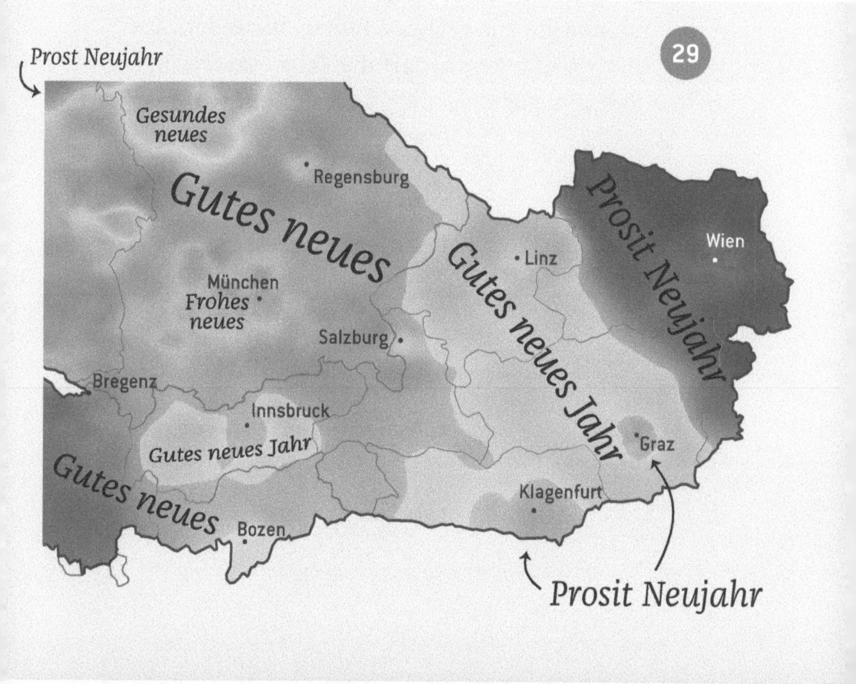

Frühstück am Arbeitsplatz

Wer früh mit der Arbeit beginnt, dem wird schon weit vor der Mittagspause wieder der Magen knurren. Das (zweite) Frühstück, das man für gewöhnlich am Arbeitsplatz einnimmt, besteht für manche aus belegten Broten, für andere aus Obst. Wichtiger aber als die Frage, was dazugehört, ist vielen Regionen, wie man dazu sagt.

Rostock
Hamburg
Bremen
Berlin
Hannover
Frühstückspause
Dortmund
Leipzig
Dresden
Köln
Erfurt
Frankfurt
Luxemburg
Mannheim
Nürnberg
Stuttgart
Brotzeit
Vesper
Linz
Wien
München
Jause
Bregenz
Basel
Zürich
Innsbruck
Graz
Znüni
Bern
Bozen
Pause
Neuner

Im ganzen Norden und in der Mitte Deutschlands bis hinunter zum Rhein-Neckar-Raum sagt man *Frühstückspause*, in Luxemburg oder Teilen Südtirols kurz *Paus(e)*. Im Süden des deutschsprachigen Raums gibt es dagegen sehr landestypische Bezeichnungen. Wer *Brotzeit* sagt, kommt sehr wahrscheinlich aus Bayern, wer dagegen von seiner *Jause* spricht, ist ziemlich sicher aus Österreich (30).

Bei *Vesper*, *Znüni* und *Neuner* muss man allerdings näher hinhorchen: *Vesper* sagt man für gewöhnlich in Baden-Württemberg, aber nur im Badischen und Schwäbischen, nicht im kurpfälzischen Norden des Bundeslandes. Dafür hört man *Vesper* auch im Norden Bayerns, genauer in Mittelfranken. *Znüni* sagen die Deutschschweizer – und die Vorarlberger, die ja ebenfalls alemannische Dialekte sprechen. Das alemannische Sprachgebiet umfasst die Dialekte am südwestlichen Rand des deutschsprachigen Europas, die unter anderem in der Deutschschweiz, Teilen Baden-Württembergs und Bayerns, in Vorarlberg und in Liechtenstein

31

gesprochen werden. Die alemannischen Gebiete in Baden-Württemberg haben mit *Vesper* ihr eigenes Wort. Früher bezeichnete man so eigentlich nur die Zwischenmahlzeit am späten Nachmittag oder Abend. *Vesper* war auch wieder nach der Tageszeit benannt, nämlich nach der Zeit des vorletzten Stundengebets (zu lateinisch *vespera* für «Abend[zeit]», daher auch die Bezeichnung *Vesperläuten* für das Glockengeläut am Vorabend eines Sonn- oder Feiertags). Von der Tageszeit hat sich die Bedeutung dann auf den entsprechenden Typ von (Zwischen-)Mahlzeit verlagert – egal, wann man sie zu sich nimmt.

Das Wort *Jause* haben die Österreicher von ihren slowenischen Nachbarn übernommen (31): Im Slowenischen ist *júžina* das «Mittags-, Nachmittagsmahl», abgeleitet von *júg* («Süden») – von diesem slawischen Wort kommt auch *Jugoslawien* («Südslawien»). Dass man für die Himmelsrichtung dasselbe Wort verwendet wie für die Tageszeit, zu der die Sonne dort steht, kennen wir auch aus dem älteren Deutschen, wo *Mittag* auch für «Süden» stehen konnte (z. B. in Werken von Schiller, aber auch schon in Luthers Bibelübersetzung), sowie aus den romanischen Nachbarländern: Die *Gazzetta del Mezzogiorno* (wörtlich «Zeitung des Mittags») erscheint nicht am Mittag, sondern in Bari in Apulien. Und der *Canal du Midi* lädt vielleicht gelegentlich zu einer schönen mittäglichen Siesta ein, seine Aufgabe besteht aber in erster Linie darin, dass er quer durch das südfranzösische Languedoc führt, um die Garonne, die in den Atlantik fließt, mit dem Mittelmeer zu verbinden.

Bei *júg* ist der Zusammenhang umgekehrt. Es ging jedenfalls auch bei *Jause* anfangs wieder um die Tageszeit. Wie *Znüni* (wörtlich «zu neun») erklärt sich schließlich auch

Neuner – vergleichsweise aus dem Wort selbst heraus verständlich und zudem präzise – als Hinweis auf die Uhrzeit, zu der die Mahlzeit eingenommen wird. Nun dürfen die Nicht-Schweizer raten, warum in der Schweiz die «Zwischenmahlzeit am Nachmittag» *Zvieri* heißt ...

Schaut man wieder genauer hin, erkennt man, dass im Westen Österreichs vor allem um die beiden Landeshauptstädte Bregenz und Innsbruck herum *Jause* das am häufigsten verwendete Wort ist (32). Die regionaltypischen Wörter sind dagegen *Znüni* in Vorarlberg und *Neuner* in Tirol. In Südtirol war früher noch *Halbmittag* verbreitet; das sagen aber die Jüngeren offenbar heute kaum noch. Dasselbe Benennungsmuster gibt es auch andernorts: Im sächsischen Dialekt heißt die Zwischenmahlzeit am Nachmittag *Halbabend* (bzw. *Halbahmd*).

Angekündigte Schulprüfung

Man mag es kaum glauben, aber auch die Schulbehörden prägen unsere Alltagssprache und deren Variation. Die Verschiedenheiten erklären sich dadurch, dass die Verantwortlichkeiten für den Bildungssektor nicht nur in den Händen nationaler Behörden, sondern auch in denen einzelner Bundesländer und Kantone liegen, die sich die Hoheit über bestimmte Termini des Schulwesens nicht gern nehmen lassen. Das zeigt sich sehr schön an den Bezeichnungen für «eine angekündigte Schulprüfung» 33.

Rostock
Hamburg
Bremen
Leistungskontrolle
Berlin
Hannover
Klassenarbeit
Klausur
Dortmund
Leipzig
Erfurt
Dresden
Köln
Frankfurt
Luxemburg
Mannheim
Nürnberg
Prüfung
Klassenarbeit
Stuttgart
Schulaufgabe
Linz
Wien
München
Schularbeit
Probe
Basel
Bregenz
Zürich
Innsbruck
Graz
Prüfung
(Prüefig)
Bern
Bozen

In Österreich und in Südtirol sagt man für «eine angekündigte Schulprüfung» im Amtsjargon wie in der Alltagssprache *Schularbeit*. Unter *Schularbeit* würde man in vielen Teilen Deutschlands alltagssprachlich etwas anderes verstehen, nämlich «schriftliche Hausaufgaben». Die offizielle Bezeichnung für die angekündigte Prüfung ist in den meisten Bundesländern und in den Stadtstaaten (also Berlin, Hamburg und Bremen) Deutschlands *Klassenarbeit*. Nur das Bundesland – pardon: der Freistaat – Bayern hat hier seinen eigenen Terminus: Da heißt es *Schulaufgabe*. Für unangekündigte, meist kürzere schriftliche Leistungstests hat die bayerische Kultusbürokratie ebenfalls ein eigenes Wort tradiert, nämlich das lateinische *Extemporale*, was «unvorbereitet, aus dem Stegreif» bedeutet. Den bayerischen Schülern ist das natürlich zu umständlich, sie reden meist nur von *Ex*.

Das besonders im Norden Deutschlands genannte Wort *Klausur* wird auch anderswo verwendet, allerdings meist mit einer speziellen Bedeutung, z. B. als Bezeichnung für bestimmte Formen schriftlicher Arbeiten in der gymnasialen Oberstufe (in Deutschland), in der Maturaprüfung (Österreich und Schweiz) oder im Studium. Vor allem in ostdeutschen Bundesländern wird auch noch der Ausdruck *Leistungskontrolle* verwendet. Dieser Terminus war auch schon im Bildungssystem der DDR üblich und bezeichnete eine kürzere, etwa 30 bis 45 Minuten dauernde schriftliche Prüfung, während die *Klassenarbeiten* ein bis zwei Stunden dauern konnten.

In der Schweiz gibt es zwei Bezeichnungen für die «angekündigte Schulprüfung», *Prüfung* und *Probe* 34. *Prüfung* ist natürlich nur das amtssprachliche Wort; in der Mundart

sagen die Schüler *Prüefig*, mit Variation in der Lautung. Die regionale Verteilung von *Prüfung* (*Prüefig*) und *Probe* spiegelt wieder politische Grenzen: *Probe* ist im Wesentlichen auf das westliche Mittelland (mit Ausnahme der zweisprachigen Regionen Fribourgs) begrenzt, während man sonst *Prüfung* oder *Prüefig* sagt.

Probe wurde aus dem spätlateinischen *proba* entlehnt, was «Untersuchung», «Bewährungsversuch» und eben auch «Prüfung» bedeuten konnte. Im Italienischen *prova* und Französischen *preuve* hat sich die Bedeutung weiter in Richtung «Beweis» entwickelt (daher auch englisch *proof*). Italienisch *prova* kann aber unter anderem noch für eine «Prüfung in der Schule» stehen – genau wie *Probe* im westlichen Schweizer Mittelland. Alleinstehendes *Probe* bezieht sich heute in den meisten deutschsprachigen Gebieten dagegen vorwiegend auf künstlerische «Versuche» (*General-*

probe usw.), aber in diversen Wortbildungen wie *Probefahrt, Probezeit, Probedurchlauf* etc. hat es noch die allgemeinere Bedeutung, die ansonsten eher mit dem Anglizismus *Test* ausgedrückt wird (der wiederum auch auf das Lateinische zurückgeht). Welche spezielle Form von «Probelauf» in den Schulen welches Landes und Bundeslandes *Test* heißt, ist allerdings schon wieder eine Frage für sich.

Wenn die Zeit nicht verstreichen will

Die Wörter, um die es auf diesen Karten geht, bezeichnen einen Zustand, der Ihnen beim Lesen dieses Büchleins hoffentlich fremd sein wird. Kindern, die bei nicht enden wollenden Familienfeiern am Tisch sitzen bleiben sollen, wird er allerdings sehr bekannt sein: die gähnende Langeweile.

Rostock
Hamburg
Bremen
Berlin
Hannover
langweilig
Dortmund
Leipzig
Erfurt
Dresden
Köln
Frankfurt
Luxemburg
Nürnberg
Mannheim
Stuttgart
Linz
Wien
München
fad(e)
Basel
Bregenz
Zürich
Innsbruck
Graz
Bern
Bozen

Im größten Teil Deutschlands, in Luxemburg, Ostbelgien, in der deutschsprachigen Schweiz, in Liechtenstein, Südtirol und Vorarlberg heißt es: «Mir ist langweilig» [35]. In den alemannischen Gebieten wird es natürlich eher wie *langwīlig* oder *längwīlig* ausgesprochen. Das Wort ist ein schönes Beispiel dafür, wie zunächst Mitgedachtes und Assoziiertes im Lauf der Zeit zur Hauptbedeutung eines Worts werden kann. Zunächst konnte *langweilig* noch im Sinne der Bestandteile *lang* + *Weile* verwendet werden, also für etwas, das lange dauert. Man konnte etwa im 18. Jahrhundert noch von einem «langweiligen Krieg» sprechen. An dem ähnlichen Wort *langwierig* («was lange währt») kann man beobachten, wie sich ein negativer Beiklang einschleicht: Ursprünglich konnte *langwierig* auch positiv gemeint sein, im Sinne von «stabil». (So meinte der Meistersinger Hans Sachs im 16. Jahrhundert: «nur eine gute wird eine langwirige herrschaft»). Heute kann man *langwierig* dagegen nur noch von Dingen sagen, deren Dauer unangenehm ist (Knieverletzungen, Reparaturen, Koalitionsverhandlungen, der Bau eines neuen Großflughafens und Ähnliches). Bei *langweilig* hat der spezifische Nebengedanke, dass man zwar nicht wirklich unter der Dauer von etwas leidet, aber das Gefühl leerer, unerfüllter Zeit hat, heute ganz die Oberhand gewonnen – von einem *langweiligen Krieg* zu sprechen würde heute wohl mit Recht als menschenverachtend betrachtet.

In den Gebieten Bayerns und Österreichs, in denen bairische Dialekte gesprochen werden, also Österreich ohne Vorarlberg und Bayern ohne Franken und Bayerisch-Schwaben, verwendet man dagegen das Wort *fade*, meistens ohne *-e* am Ende ausgesprochen: *fad* [36]. Im Gegensatz

36

zu der ganz und gar deutschen Wortbildung *langweilig* ist das Wort *fade* ein Lehnwort aus dem Französischen. *Fade* bedeutet im Französischen «reizlos, geschmacklos» – und eben auch «langweilig». In der Bedeutung «geschmacklos (von Speisen)» ist *fad(e)* auch über das Bairisch-Österreichische hinaus in allen anderen deutschsprachigen Gebieten gebräuchlich.

Hier ist sehr gut zu sehen, wie ein Wort, das früher im gesamten Gebiet, in dem bairische Dialekte gesprochen wurden und teilweise noch werden, allmählich an Boden verliert gegenüber einem anderen Ausdruck, der in den anderen Ländern und Regionen des deutschsprachigen Raums dominant ist. In Südtirol sind diejenigen, die *fad(e)* sagen, offenbar schon klar in der Minderzahl. In Oberbayern und der Oberpfalz breitet sich die Verwendung des Worts *langweilig* von Nordwesten her immer weiter aus. Wenn sich ein Sprachgebrauch, der im größten Teil eines Landes üblich ist, gegenüber einem anderen, der nur in einem relativ kleinen Gebiet herrscht, allmählich durchsetzt, dann geschieht dies häufig zuerst in den großen Städten. Karte 36 zeigt etwa, dass es im Großraum München und in Regensburg bereits häufiger *langweilig* heißt, während im Umland noch meist *fad(e)* gesagt wird.

WAS MAN IN DIE TASCHE STECKEN KANN

Behältnis für Geld und Kreditkarten

Es ist ein unscheinbarer Gegenstand, den wir jedoch täglich mit uns führen und dessen Abhandenkommen uns beträchtliche Probleme bereiten kann: Die Rede ist nicht vom Mobiltelefon (an das einige von Ihnen vielleicht schon zuerst denken), sondern vom «kleinen Behältnis aus Leder, Stoff oder Plastikgewebe für Geld, Ausweiskarten sowie Geld- und Kreditkarten». Für dieses gibt es eine erstaunliche Vielfalt an Bezeichnungen im deutschsprachigen Raum 37.

Rostock
Hamburg
Bremen
Berlin
Hannover
Portemonnaie
Portmonee
Dortmund
Leipzig
Erfurt
Dresden
Köln
Frankfurt
Luxemburg
Nürnberg
Mannheim
Geldbeutel
Stuttgart
(Geld-)Börse
(Geld-)Börs(er)l
Linz
Wien
München
Geldtasche
Geldtasch(er)l
Basel
Bregenz
Zürich
Innsbruck
Graz
Bern
Brieftasche
Bozen

Eine jahrhundertealte – und manchen, besonders in Nord- und Westdeutschland, vielleicht altertümlich erscheinende – Bezeichnung ist *Geldbeutel*. Sie ist bis heute im Süden Deutschlands in Gebrauch geblieben. *Geldbeutel* bezieht sich ursprünglich auf ein tatsächlich beutelförmiges Behältnis, das man an den Gürtel hängte und das hauptsächlich zur Aufbewahrung von Münzen diente. Später wurde das Wort aber auch auf das flache Behältnis übertragen, das nun hauptsächlich Papiergeld enthielt.

In der Nordhälfte Deutschlands, in Ostbelgien und Luxemburg sowie in der Schweiz wird normalerweise *Portemonnaie* verwendet, in eingedeutschter Schreibung *Portmonee*. Dabei handelt es sich um ein relativ junges Lehnwort aus dem Französischen, dort gebildet aus *porter* («tragen») und *monnaie* («Münze, Geld»). Erstaunlicherweise ist es im Französischen nicht viel eher belegt als im Deutschen, nämlich erst im 19. Jahrhundert. Es hat möglicherweise mit der allgemeinen Verbreitung des Papiergelds

ab dem 19. Jahrhundert zu tun, wenn *Portemonnaie* in den genannten Gebieten das ältere Wort *Geldbeutel* abgelöst hat.

Die allmähliche Verdrängung des Ausdrucks *Geldbeutel* durch *Portemonnaie/Portmonee* lässt sich gut an dem Kartenausschnitt sehen, der die Mitte des deutschsprachigen Gebiets zeigt 38. *Geldbeutel* ist heute noch in Bayern und Baden-Württemberg fest in Gebrauch geblieben, in der Mitte Deutschlands aber nur noch bis hinauf ins Saarland sowie in Gebieten in Rheinland-Pfalz und Hessen. Die Sprecher in größeren Städten und/oder Universitätsstädten wie Frankfurt, Marburg, Trier oder Saarbrücken sind bereits zur Verwendung von *Portemonnaie/Portmonee* übergegangen.

Preisfrage: Welches Land bzw. welche Region hat im Deutschen die meisten Bezeichnungen für das «kleine Behältnis aus Leder, Stoff oder Plastikgewebe für Geld, Ausweiskarte sowie Geld- und Kreditkarten»? Wenn Sie die Karten mittlerweile rasch lesen können, ist die Antwort nicht schwer: Österreich. Dort werden mindestens drei

Wörter gebraucht – rechnet man die regional üblichen Verkleinerungsformen nicht mit 39. In den meisten Landesteilen Österreichs heißt es *Geldtasche* bzw. – mit Verkleinerungsformen – *Geldtaschl* oder *Geldtascherl*. So heißt es auch im Westen Südtirols. Die Bezeichnung *Geldtasche* ist sicherlich so alt wie das Wort *Geldbeutel* und bezieht sich wie dieses auf ein taschenartiges Behältnis, in dem man ursprünglich in der Hauptsache Münzgeld mit sich führte.

In Kärnten (wie im Osten Südtirols) sagt man *Brieftasche*, ausgesprochen häufig als *Briaftoschn* oder so ähnlich. Das Wort *Brieftasche* ist zwar auch in anderen Gebieten des deutschsprachigen Raums bekannt und gebräuchlich, bezeichnet dann aber ein größeres Behältnis, in dem neben Plastikkarten auch ein Reisepass, ungefaltete Banknoten und vielleicht auch der eine oder andere alte Führerschein (bzw. Führer- oder Lenkerausweis) im DIN-A6-Format Platz finden. Im Osten Österreichs sind *Börse* und *Geldbörse* sowie die entsprechenden Verkleinerungsformen *(Geld-)Börsl* oder *(Geld-)Börserl* üblich. *Börse* ist eine Entlehnung aus mittellateinisch *bursa*, was «Ledersack, Fell» bedeutet. Auf *bursa* gehen auch das italienische *borsa* («Tasche») und das englische *purse* («Geldbeutel [von Frauen]») zurück sowie auch *bourse*, das ältere Wort des Französischen für das «Behältnis für (Münz-)Geld». Als Produktbezeichnung im Handel ist das Wort *Geldbörse* viel weiter im deutschen Sprachgebiet verbreitet, und auch im gehobenen Sprachgebrauch verwenden manche *Geldbörse*. In Niederösterreich, Wien und dem Burgenland ist es aber ein ganz normales Wort der Alltagssprache.

Behältnis für Schreibutensilien

Zur Grundausstattung von Schülern gehört heute das Smartphone, aber auch immer noch ein Behältnis für analoge Schreibgeräte, das meistens flach, rechteckig und innen mit kleinen Schlaufen versehen ist. Diese Schlaufen dienen der Fixierung von Filz- und Buntstiften in verschiedenen Farben, die Benennungen des ganzen Behältnisses weisen jedoch großenteils in noch ältere Zeiten zurück: Sie beziehen sich auf das Schreiben mit der *Feder* – was ja jahrhundertelang tatsächlich eine Gänsefeder war, deren Kiel angespitzt und in Tinte getaucht wurde. Erst ab dem 19. Jahrhundert verbreitete sich die Stahl-«Feder», die auch ein internes Tintenreservoir bekam. Die mit Patronen befüllten *Füllfederhalter* (oft kurz *Füller* oder *Fülli* genannt) sind in der Schule bis heute das am meisten geschätzte Schreibgerät geblieben – wohl nicht zuletzt, weil sie förderlich für eine schöne Handschrift und fälschungssicher bei Prüfungen sind. Das mag ein Grund dafür sein, dass die Bezeichnungen mit *Feder-* so gut überlebt haben, auch wenn das Behältnis inzwischen mehrheitlich andere Schreib- und Zeichenstifte enthält 40.

Federtasche
Rostock
Hamburg
Federtasche
Bremen
Hannover
Berlin
(Schul-)Etui
Dortmund
Leipzig
Dresden
Erfurt
Federmappe
(-mäppchen/-mapperl)
Köln
Federkästchen
Frankfurt
Luxemburg
Mannheim
Nürnberg
Mäppchen
Mäpple
Federschachtel
Stuttgart
Linz
Wien
München
Federpennal
Basel
Bregenz
Zürich
Innsbruck
Graz
Bern
(Schul-)Etui
Bozen
Federschachtel

Untergegangen ist offenbar die sprachliche Erinnerung an die Schreibgeräte der früheren Schulanfänger, die man aus didaktischen, ökonomischen und reinigungstechnischen Gründen noch nicht mit Feder(halter) und Tinte hantieren ließ: Vor zehn Jahren bekamen wir in einer ähnlichen Befragung auf die Frage nach der Bezeichnung für das Behältnis aus Südtirol und Vorarlberg noch die Antwort *Griffelschachtel.* Das Behältnis war hier nach dem Stift benannt, mit dem die Schreibanfänger noch bis nach dem Zweiten Weltkrieg Buchstaben und Wörter produzierten, nämlich als helle, wieder abwischbare Kratzer auf einer Schiefertafel. Ebenso gab es damals in Sachsen noch die Ausdrücke *Schieferkästchen* bzw. *Schiefermappe* – bezeichnet nach dem Material, aus dem Tafel und Stift bestanden. Diese Technik ist heute außer Gebrauch und mit ihr nun auch die Wörter. Das Wort *Feder* und die Zusammensetzungen damit haben sich dagegen durch die Übertragung auf die neuen Geräte des 19. Jahrhunderts erhalten.

Im österreichischen Wort *Federpennal* geht sogar auch der zweite Teil auf «Feder» zurück, nämlich auf das lateinische Wort *penna* («Feder»). Davon leitet sich auch das englische *pen* ab – und auch die italienische Pastasorte *Penne* heißt so wegen ihrer Form, die an schräg angeschnittene Federkiele zum Schreiben erinnert. *Pennal* ist eine Ableitung von *penna,* bedeutet aber eigentlich schon «(Behälter) für Federn». *Federpennal* ist also eigentlich eine Verdopplung, so wie das Wort *Chai-Tee.* (Was da kombiniert ist, sind sogar nur zwei verschiedene Aussprachevarianten desselben ursprünglich chinesischen Worts – aus der indischen Kultur, die zu denen gehört, die *Chai* sagen, ist eine besondere Zubereitungsweise ins *Tee*-Gebiet gekommen.)

Behälter für Schreibfedern konnten feste Schachteln z. B. aus Holz oder weichere Taschen aus Leder sein. Nach hölzernen Behältnissen sind wohl die *Federkästchen* im Erzgebirge oder die *Federschachtel* in Luxemburg, Südtirol, Vorarlberg und Oberösterreich benannt. Die weichen Ledertaschen sind die Namensgeber für die *Federtasche*, wie es in Nord- und Ostdeutschland heißt (41). Als *Mappe* wurden zunächst im 18. Jahrhundert speziell Behälter für Landkarten bezeichnet, also nach ihrem Inhalt (lateinisch *mappa*, daraus auch englisch *map*). Die Verwendung des Worts weitete sich dann aus. Im westlichen Teil der Südhälfte von Deutschland genügen heute die Verkleinerungsformen *Mäppchen* oder *Mäpple*, um Behälter für Stifte zu benennen. Mit Spezifikation des Inhalts heißt es dann nicht nur *Mappe*, sondern *Federmappe* bzw. *Federmäppchen* oder *Federmapperl* usw. Diese Bezeichnung ist von Bayern (ohne Bayerisch-Schwaben), dort als *Federmapperl*, über Sachsen und Thüringen bis hinauf nach Ostfriesland üblich. Außerdem gilt sie ganz im Westen, am mittleren Niederrhein und in Ostbelgien.

Am unteren Niederrhein und in Westfalen sowie in Teilen Niedersachsens wird das Behältnis dagegen nicht nach dem Inhalt benannt, sondern nach der Umgebung, in der es benutzt wird: *Schul-Etui* 41. Diese Bezeichnung, deren zweitem Teil man seine französische Herkunft noch anmerkt, hat sich aber auch in einer ganz anderen Region etabliert, nämlich in der Deutschschweiz – und zwar unter genauer Einhaltung der Staatsgrenzen (vgl. Karte 40).

Die flickenartige Farbverteilung im Nordwesten Deutschlands reflektiert dagegen eine dichte Konkurrenz der verschiedenen Wörter. Dies machen auch die hellen Flecken deutlich: Wo die Farbe hell ist, dominiert die häufigere Bezeichnung, die durch diese Farbe angezeigt wird, nur knapp über andere Bezeichnungen.

Steinschleuder

In Zeiten vor den Computerspielen mussten Kinder beim Spielen erfinderisch sein. Eines der einfachsten Spielzeuge wird aus einer kleinen Astgabel und zwei Gummibändern hergestellt. Inzwischen lässt es sich auch fertig kaufen – industriell aus Plastik hergestellt. Man benutzt(e) es, um mit kleinen Steinen oder Papierkügelchen auf Ziele zu schießen. Das ist meist harmlos, kann aber auch schon einmal gefährlich werden: Professionellere Varianten des Geräts mit Vorrichtungen zur Erhöhung der Kraft oder Zielgenauigkeit fallen etwa in Deutschland explizit unter das Waffengesetz.

Rostock
Hamburg
Bremen
Katsch(e)
Katschi
Katzi
Zwille
Berlin
Hannover
Schlappschleuder
Steinschleuder
Scheuder
Dortmund
Leipzig
Erfurt
Köln
Dresden
Fletsch(e)
Flitsch(e)
Katapult
Zwiesel
Frankfurt
Luxemburg
Mannheim
Nürnberg
Zwistel
Stuttgart
Linz
Wien
Zwuschel
München
Basel
Bregenz
Innsbruck
Zürich
Graz
Steinschleuder
Bern
Bozen

Wenn es um das Spielzeug geht, wird es in Österreich, Liechtenstein, Südtirol und der Schweiz sowie in weiten Teilen Deutschlands nach seiner Funktion *Steinschleuder* genannt 42. Vor allem in Luxemburg, in Schwaben und in Ostdeutschland heißt es dagegen kurz *Schleuder*, in Sachsen-Anhalt und Thüringen mancherorts auch *Schlappschleuder*.

Ebenfalls auf den Gebrauch bezogen ist die Bezeichnung *Fletsch(e)* oder *Flitsch(e)*, wie man am Niederrhein, in Westfalen, im Moselgebiet und teilweise auch noch im Rheinland sagt: Das scheinbar lautmalerische Wort *Flitsch(e)* bedeutete im älteren Deutsch «Pfeil». Es ist germanischen Ursprungs verwandt mit *fliegen*, ist dann als *flèche* («Pfeil») ins Französische eingegangen und wurde im 16. Jahrhundert ins Niederländische und Deutsche zurück entlehnt. Damit hängt auch das Verb *flitzen* zusammen, was zunächst «mit Pfeilen schießen» bedeutete. Ein anderes Spielzeug, nämlich der «Bogen, mit dem man kleine Pfeile abschießt», wird in manchen Gegenden noch *Flitzebogen* genannt. Bei *Fletsch(e)/Flitsch(e)* ist die Bezeichnung dann offenbar vom Geschoss auf das Schussgerät übergegangen. Vor allem in Sachsen ist das Wort *Katapult* üblich, das früher auch im Norden und Osten Deutschlands verbreitet war. Hierbei handelt es sich um eine jüngere, im 18. Jahrhundert erfolgte Entlehnung aus dem lateinischen Wort *catapulta*, das wiederum vom griechischen *katapéltēs* («Schleudermaschine») stammt und zunächst eine große Wurfmaschine zu militärischen Zwecken bezeichnete. Mit dem Spielzeug hat diese natürlich nur das technische Prinzip gemeinsam, und auch das nur ungefähr, denn mit elastischem Gummi konnte die antike Kriegstechnik noch nicht arbeiten.

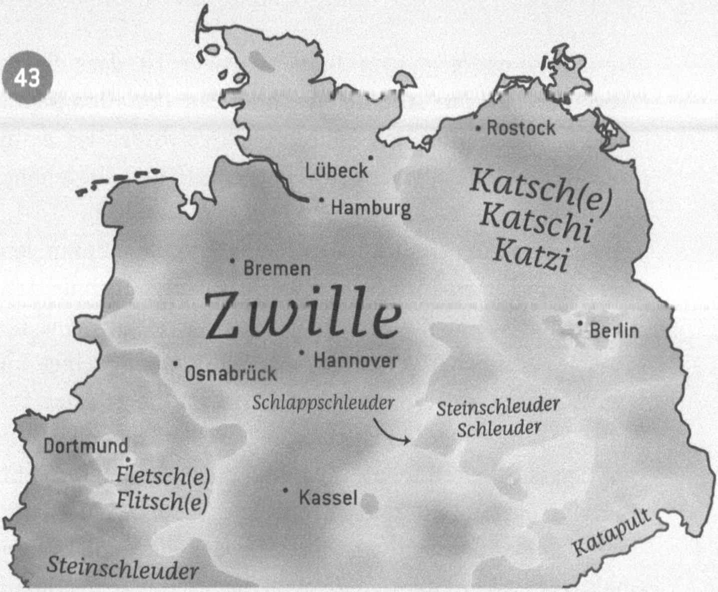

Gegenüber dem vor allem in Sachsen verbreiteten *Katapult*, das seinen Namen einem Kriegsgerät verdankt, ist weiter nördlich, besonders in Berlin, Brandenburg und Mecklenburg-Vorpommern, für das Spielzeug kindersprachlich abgerüstet worden: Hier sind Kurzformen von *Katapult* üblich, wie etwa *Katsch*, *Katsche* oder – als Verkleinerungsform auf *-i* endend – *Katschi* bzw. *Katzi* 43.

In Norddeutschland wird mit einer *Zwille* geschossen, vor allem in Hamburg, Bremen, Niedersachsen und Nordhessen, darüber hinaus aber auch in Schleswig-Holstein und Thüringen. *Zwille* bezeichnet ursprünglich einen gegabelten Zweig (von germanisch *twis-* («zweimal»), wie auch in vielen anderen Wörtern mit *Zwi(e)-*, wie *Zwiespalt*, *Zwiegriff*, *Zwiegespräch*, *Zwickel*), es ist dann auch auf gegabelte

Werkzeuge übergegangen. Bemerkenswert ist, dass dieses Wort mit *zw-* am Anfang besonders in der Alltagssprache im niederdeutschen Raum üblich geworden ist, denn vom Niederdeutschen (oder «Plattdeutschen») ausgehend würde man ein *tw-* erwarten (wie in *twee* [«zwei»]).

Mit dem Wort *zwei* haben auch die Bezeichnungen *Zwiesel* und *Zwistel* im Nordosten von Bayern (genauer: in Oberfranken und der Oberpfalz (44)) sowie *Zwuschel* im Osten Österreichs (genauer: in einem kleinen Gebiet im steirisch-niederösterreichischen Übergangsgebiet, das auf Karte (45) zu sehen ist) zu tun. Sie beziehen sich ebenfalls auf den gegabelten Zweig, aus dem das Spielzeug besteht. Der Name der Stadt Zwiesel im Bayerischen Wald erklärt sich ebenso, nämlich mit der Lage des Orts am Zusammenfluss zweier Flüsse und – weil die Straßen den Flüssen folg(t)en – damit auch an einer Weggabelung.

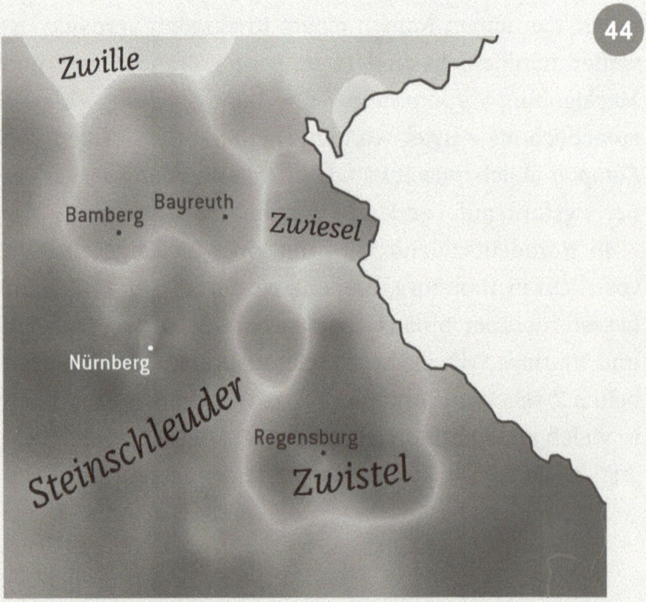

45

10-Cent-Stück/10-Rappen-Stück

Vielleicht ist die Zeit bald vorbei, in der Geldmünzen noch allgegenwärtige Gegenstände des Alltags sind, die man z. B. dafür benutzen kann, den Einkaufswagen von seiner Kette zu befreien oder die Befestigung des Siebs an der Waschmaschine herauszudrehen. Telefonieren kann man bereits nur noch selten mit ihnen, selbst zum Parken (Parkieren, wie die Schweizer sagen) braucht man sie oft nicht mehr. Noch aber sind sie nicht ganz verschwunden, und es ist nachvollziehbar, dass häufig genutzte Münzen eigene namensähnliche Bezeichnungen hatten und haben – wie etwa *Obolus* im antiken Griechenland, *Heiermann* im Nordwesten Deutschlands für das alte 5-DM-Stück oder *Zwickel* in Bayern, früher für das 2-DM-Stück, heute vielfach auch für das 2-Euro-Stück. Zu diesen häufig gebrauchten Münzen zählen auch das 10-Cent-Stück und das 10-Rappen-Stück, das Zehntel von Euro und Franken.

Rostock
Hamburg
Bremen
10 Cent
10-Cent-Stück
Hannover
Berlin
Groschen
Dortmund
Leipzig
Dresden
Erfurt
Köln
Frankfurt
Zehner
Zehnerla
Luxemburg
Mannheim
Nürnberg
Stuttgart
Zehnerle
Linz
Wien
München
Zehnerl
Basel
Bregenz
Zürich
Innsbruck
Graz
Zähni
Bern
Zehnerli
Zähnerli
Bozen

Die Bezeichnungen für diese Münzen sind großenteils recht durchsichtig: Nördlich des Mains sagt man explizit *10 Cent* oder *10-Cent-Stück* (46). Südlich des Mains sind es fast überall Verkleinerungsformen von *Zehner* – so wie man dort auch bei Schulnoten die Ableitung auf *-er* benutzt und «Ich habe einen Dreier» sagt (und nicht «Ich habe eine Drei»). In einem schmalen Streifen etwa vom Saarland bis ins nördliche Franken genügt «unverkleinertes» *Zehner*.

Neben der expliziten Benennung nach dem Wert «10» (*Zehner, Zehnerl* etc.), die im Prinzip für andere Münzen genauso funktioniert, ist nördlich des Mains jedoch speziell für das 10-Cent-Stück auch die Bezeichnung *Groschen* üblich. Das Wort galt schon vor der Einführung von Euro und Cent – in der alten BRD wie in der DDR – für eine Münze im Wert von 10 Pfennigen.

Groschen kommt eigentlich von dem spätlateinischen *denarius grossus* («dicker Denar») und war im Spätmittelalter zunächst die Bezeichnung für eine massive Silbermünze mit größerem Wert. Die Benennung wurde jedoch dann auf andere Münzen übertragen, deren Wert je nach Zeit und Territorium verschieden war. In älteren Wendungen wird *Groschen* zumeist positiv für «Geld» verwendet, in jüngeren eher leicht verächtlich für eine niedrige Geldsumme, wie etwa in *Groschenheft* und *Dreigroschenoper*.

Mit der Einführung der Mark im Kaiserreich hatte *Groschen* als offizielle Währungsbezeichnung in Deutschland ausgedient, während es in Österreich bis zur Einführung des Euro der Name für die kleinere Währungseinheit (unter dem *Schilling*) war, also die Entsprechung zum deutschen *Pfennig* und zum Schweizer *Rappen*. Es ist insofern nur logisch, wenn das 10-Cent-Stück in Österreich nicht *Groschen*

genannt wird. Aber auch in Deutschland benutzt man diese Bezeichnung für ein Zehntel des Euro (vorher der Mark) nur noch in bestimmten Regionen, nämlich im Moselraum und Umgebung und vor allem in Sachsen, Thüringen und Sachsen-Anhalt 47 und – wie auf der Großkarte 46 zu sehen – um Berlin herum.

Südlich des Mains wird für das 10-Cent-Stück bzw. das 10-Rappen-Stück fast überall *Zehner* in der Verkleinerungsform mit *-lein* verwendet, und zwar in der jeweils üblichen regionalen Variante von *-lein* 48: in Franken also *Zehner-la*, in Baden und Schwaben (inklusive Bayerisch-Schwaben) wie in Tirol/Südtirol und Kärnten *Zehner-le*, im übrigen Österreich und Bayern *Zehner-l*, im Gebiet um Basel und im Osten der Schweiz *Zehner-li*. Im Westen der Schweiz endet das Wort dagegen einfach auf *-i*: Es heißt *Zähn-i*, mit der

Verkleinerungsform -*i*, die man auch von anderen schweizerdeutschen Wörtern her kennt – z. B. *Hitzgi, Gluggsi,* zu denen wir später kommen werden.

IN UND AUF
DEN EIGENEN
VIER WÄNDEN

Bequeme, warme Hausschuhe

Für viele gibt es am Feierabend keine schönere Vorstellung, als heimzukommen, die Schuhe, die man schon den ganzen Tag getragen hat, auszuziehen und sich nicht um modische Ansprüche zu scheren, sondern einfach die müden Füße zu stecken in bequeme … – ja, was eigentlich?

Rostock
Hamburg
Bremen
Puschen
Latschen
Berlin
Hannover
Hausschuhe
Dortmund
Pantoffeln
Leipzig
Erfurt
Dresden
Köln
Schluppen
Frankfurt
Schlappen
Luxemburg
Nürnberg
Mannheim
Stuttgart
Pantoffeln
Linz
Wien
Hausschuhe
München
Schlapfen
Latschen
Basel
Bregenz
Zürich
Innsbruck
Graz
Finken
Patschen
Bern
Bozen

Für bequeme, manchmal schon stark ausgetretene Schuhe gibt es eine Reihe typischer regionaler Ausdrücke (49). Das Wort *Pantoffeln* ist die gebräuchlichste Bezeichnung einerseits im Nordwesten Deutschlands (vom unteren Mittelrhein bis hinauf ins Emsland), andererseits in Bayern und dort besonders in Niederbayern und in der Oberpfalz. Es ist im 15. Jahrhundert entweder aus dem mittelfranzösischen *pantoufle* oder dem italienischen *pantofola* in einige deutsche Regionen gelangt.

Eine ähnlich kuriose Verbreitung hat das Wort *Latschen*: Zum einen stimmt sein Verbreitungsgebiet erstaunlich genau mit der Fläche der ostdeutschen Bundesländer überein, und zum anderen ist es im Süden Deutschlands, vor allem in Oberbayern und Bayerisch-Schwaben, verbreitet. Das Wort gehört zu einem Adjektiv *latsch* («schlaff und nachlässig gehend»), das wahrscheinlich mit *lasch* zu tun hat.

Der Hintergrund der Benennung ist sehr ähnlich wie bei dem Wort *Schlappen/Schlapfen*, das zu *schlapp/schlaff* gebildet wurde. *Schlappen* sagte man ursprünglich wohl nur im Mittel- und Rheinfränkischen, aber die Aussprache hat sich auch ins Süd- und Ostfränkische und sogar ins Badische und Schwäbische ausgebreitet. Die Ausspracheform *Schlapfen* ist hingegen im Wesentlichen auf Österreich beschränkt. Was zunächst als weitere Aussprachevariante erscheint, nämlich die Form *Schluppen*, könnte auch auf das Verb *schlüpfen* zurückgehen. Dieses Wort ist in einem kleinen Gebiet am mittleren Niederrhein, um Mönchengladbach herum, heimisch. Als Variante dazu gibt es auch *Schluffen*, etwa im Bergischen Land – aber dieses Wort ist in der großräumigen Sicht unserer Karte sozusagen unter den *Pantoffel* gekommen.

In Schleswig-Holstein, Niedersachsen und im östlichen Westfalen ist *Puschen* üblich (50). *Puschen* hat eine verwickelte Einwanderungsgeschichte: Zugrunde liegt hier wohl das französische Wort *babouche* («Pantoffel»), das seinerseits von persisch *pāpush* («Fuß-Bekleidung») kommt. Möglich ist auch, dass das polnische Wort *papuc*, das ebenfalls ein Lehnwort zu *babouche* ist, den Vorläufer von *Puschen* lautlich beeinflusst hat.

Aus der Schweiz wurde ausschließlich das Wort *Finken* gemeldet. Auch in Liechtenstein ist es (neben *Patschen*) gebräuchlich. Die Herkunft von *Finken* ist unklar. Im Schweizerdeutschen Wörterbuch gibt es schöne Erklärungsversuche: Zum einen sollen solche Hausschuhe wegen ihrer «Buntscheckigkeit» – sie waren ursprünglich unter anderem aus «bunten Tuchenden» gefertigt – nach dem Vogel *Fink* benannt worden sein, und zum anderen wird erwogen, dass das Wort auf mittellateinisch *fico* («eine Art Schuhe für Mönche und Priester») zurückzuführen ist – dann wäre allerdings noch zu klären, wie das *n* in das Wort *Fink* hineingekommen ist.

Am wenigsten regionalspezifisch erscheint die offenbar recht junge Zusammensetzung *Hausschuhe*. Sie wurde aus verschiedenen Gebieten gemeldet, z. B. aus dem Schwäbischen und dem Ostfälischen – und auch aus einem kleinen Gebiet in Ostfriesland wurde *Hausschuhe* als übliche Bezeichnung genannt. Die Ausschnittskarte für den Norden Deutschlands zeigt, dass die Wörter *Pantoffeln*, *Puschen* und *Latschen* keine völlig einheitlichen Verbreitungsgebiete ha-

ben, sondern dass es in manchen kleineren Regionen oder sogar an manchen Orten auch andere Bezeichnungsvorlieben gibt 50.

Die Karte für den Südosten lässt zum einen sehr schön erkennen, wie die Verbreitungsgebiete von Varianten nur bis zu bestimmten politischen Grenzen reichen, zum anderen erlaubt sie einen genaueren Blick auf die Verhältnisse in Österreich 51. In Österreich stehen sich die Wörter *Schlapfen* und *Patschen* gegenüber. Als *Schlapfen* kennt man das Wort in der Bedeutung «bequeme Hausschuhe» vor allem in Ober- und Niederösterreich, in Wien und im Burgenland. Als Bezeichnung für «Badeschuhe» verwendet man *Schlapfen* jedoch in ganz Österreich. Im Rest Österreichs sowie auch in Südtirol heißt es *Patschen*. Deutlich wird hier – wie auf vielen Karten in diesem Buch –, dass sich die Bewohner großer Städte (hier: Salzburg und Wien) in ihrem Sprachgebrauch häufig an einer «dominanten» Sprachregion orientieren und sich darin von ihrer Umgebung abgrenzen. Beim Wort *Patschen* scheint es sich – wie beim gleichlautenden Austriazismus für die «Reifenpanne am Fahrrad» – um ein Substantiv zu einem lautmalerischen Verb (wie *klatschen*) zu handeln. Wenn man dem beim Gehen zuweilen klatschend-patschenden Aufschlagen der durchgehenden Sohlen auf den Boden lauscht, kann man das gut nachvollziehen.

Sessel

Was benötigt man für einen gemütlichen Abend vor dem Fernseher außer bequemen *Hausschuhen/Pantoffeln/Puschen/Schlapfen/Patschen/Latschen/Finken*? Natürlich «ein bequemes Sitzmöbel mit einer Rückenlehne und Armlehnen». In fast allen Gebieten sagt man zu dem abgebildeten Möbel *Sessel*. Daneben gibt es nur zwei andere Bezeichnungen: *Stuhl*, das im Westen Österreichs gebräuchlich ist, und *Fauteuil*, das man in Luxemburg, in der Schweiz (vor allem im Westen der Deutschschweiz) und im Osten Österreichs verwendet 52.

Rostock
Hamburg
Bremen
Berlin
Hannover
Sessel
Dortmund
Leipzig
Erfurt
Dresden
Köln
Frankfurt
Luxemburg
Mannheim
Nürnberg
Stuttgart
Fauteuil
Linz
Wien
Fauteuil
München
Basel
Bregenz
Zürich
Stuhl
Innsbruck
Graz
Bern
Bozen

Während sich *Sessel* von *sitzen* ableitet, hängt *Stuhl* mit *stehen* zusammen – obwohl man natürlich auch auf einem *Stuhl* sitzt, auf dem abgebildeten gepolsterten *Stuhl* sogar bequem. Um diese Wortzusammenhänge zu ergründen, muss man weit in die Vorgeschichte des Deutschen zurückgehen: So wie *Sessel* und *sitzen* sich auf eine gemeinsame indoeuropäische Wurzel **sed-* («sitzen») zurückführen lassen, gehen *Stuhl* und *stehen* auf dieselbe Wurzel **stā-*, **stə-* zurück, die «stehen, stellen» bedeuten konnte. Die ersten Stühle waren eigentlich «Gestelle»; diese Bedeutung ist noch in Ausdrücken wie *Dachstuhl* oder *Glockenstuhl* bewahrt. Im Althochdeutschen, also vor rund 1200 Jahren, konnte *stuol* aber – genau wie das Wort *seʒʒal*, der Vorläufer von *Sessel* – einen «herausgehobenen Sitzplatz» oder auch einen «Thron» bezeichnen. So wird auch der Thron Karls des Großen im Aachener Dom mal *Königsstuhl*, mal *Thronsessel* genannt. Er hat sowohl eine Rücken- als auch Armlehnen – allerdings aus Marmorplatten, was sicher nicht unseren heutigen Vorstellungen von Bequemlichkeit entspricht. Was die heutigen Begriffe betrifft, so scheint vielen Deutschen sonnenklar zu sein: *Stuhl* steht für ein (nicht unbedingt komfortables) Sitzmöbel ohne Armlehnen und *Sessel* für ein (bequemes) Möbel mit Armlehnen. Dass dies aber keineswegs so eindeutig sein muss, sondern geradezu verzwickt sein kann, werden wir weiter unten sehen …

Ein wenig vom *Stuhl* steckt auch im Wort *Fauteuil*, dessen Geschichte besonders interessant ist: *Fauteuil* wurde wahrscheinlich im 18. Jahrhundert aus dem Französischen entlehnt, auch da bezeichnet es einen «bequemen Polstersessel». Allerdings ist *Fauteuil* selbst wiederum ein Lehnwort, und zwar aus dem Vorläufer des heutigen Niederländischen: Die älteren Formen *faldestueil* und *faldestoel* verweisen auf einen altniederfränkischen Ursprung, und man erkennt in ihnen das deutsche Wort *Faltstuhl* wieder – das wohl die ursprüngliche Bedeutung wiedergibt: Im Mittelalter war der Faltstuhl als Sitzgelegenheit während der katholischen Liturgiefeier beliebt; Bischöfe saßen auf einem *Faldistorium* (oder *Faldistolium*). Ab dem 15./16. Jahrhundert hatten diese Stühle dann zunehmend Rücken- und Seitenlehnen – wie die heutigen *Fauteuils*.

Zur Erinnerung: Überall, wo die Farben heller sind, gibt es mehr als ein Wort. So ist etwa *Fauteuil* in der ganzen Schweiz verbreitet, allerdings ist es nur um Bern und Fribourg herum sowie im Wallis die vorherrschende Variante (53). *Stuhl* ist nicht nur in Vorarlberg und im Westen Tirols gebräuchlich, sondern im ganzen Westen Österreichs.

Dagegen ist in den anderen Gebieten Österreichs neben *Sessel* auch *Fauteuil* üblich, nur im Osten Österreichs jedoch ist *Fauteuil* das häufiger verwendete Wort. Die Bezeichnungen für das abgebildete gemütliche Sitzmöbel muss man im Zusammenhang mit den Bezeichnungen für das nicht ganz so bequeme Sitzmöbel ohne Armlehnen (wie man es etwa am Esstisch findet) sehen: Während dieses ungemütlichere Möbel im Westen Österreichs eher *Stuhl* genannt wird, sagt man dazu in den anderen Landesteilen traditionell *Sessel*. Dort, wo also der *Sessel* das ist, was man anderswo als *Stuhl* bezeichnen würde, muss man für das bequemere Möbel mit Armlehnen ein anderes Wort benützen, nämlich *Fauteuil*. Was etwa in Deutschland der Unterschied zwischen *Stuhl* und *Sessel* ist, entsprach bisher in den östlichen Teilen Österreichs dem zwischen *Sessel* und *Fauteuil*. Zu allem Überfluss scheint es dann auch Gebiete zu geben, in denen man unterschiedslos zum einen wie zum anderen *Stuhl* sagt (z. B. in Vorarlberg) oder *Sessel* (z. B. mancherorts in Oberösterreich, Salzburg und Kärnten). Alles klar?

Kleiner Nagel mit breitem, flachem Kopf

Es sind oft die kleinen Dinge im Alltag, die wir selbstverständlich benützen, bei denen uns erst irgendwann durch einen Zufall oder ein Missverständnis auffällt, dass sie anderswo ebenso selbstverständlich ganz anders heißen als bei uns. So ist es mit dem kleinen Ding, mit dem wir Postkarten oder Poster an den Wänden befestigen können.

Rostock
Hamburg
Bremen
Berlin
Hannover
Heftzwecke
Reißzwecke
Dortmund
Leipzig
Erfurt
Dresden
Köln
Frankfurt
Punaise
Luxemburg
Mannheim
Wanze
Nürnberg
Reißbrettstift
Stuttgart
Linz
Wien
München
Reißnagel
Bregenz
Basel
Zürich
Graz
Innsbruck
Bern
Bozen
Punaise
54

In fast der gesamten Südhälfte des deutschen Sprachraums bzw. im dialektal oberdeutschen Raum, also in Österreich, in Südtirol, in Liechtenstein, in der Schweiz sowie in Bayern und Baden-Württemberg, wird es *Reißnagel* genannt [54]. In der Nordhälfte Deutschlands (bis hinunter in die Pfalz) heißt es zumeist *Reißzwecke*. Bei beiden Wörtern handelt es sich um Verkürzungsformen – genauer: «Klammerformen», bei denen das mittlere Element getilgt wird – aus *Reißbrettnagel* bzw. *Reißbrettzwecke*: Es geht also um einen *Nagel* bzw. eine *Zwecke*, der/die zur Befestigung eines Blatts auf dem *Reißbrett* verwendet wird. *Reißen* bedeutet hierbei noch nicht «(mit Kraft) auseinandertrennen», sondern «zeichnen». Es ist mit *ritzen* verwandt. Dem *Reißbrett* liegt also eigentlich die Idee des Einritzens von Zeichen oder Zeichnungen zugrunde, wie auch bei der englischen etymologischen Entsprechung zum deutschen Wort *reißen*, dem Verb *write*, das wir schließlich mit «schreiben» übersetzen. (Die Bedeutung «[mit Kraft] auseinandertrennen» hat sich erst später dadurch entwickelt, dass sich der Fokus von der Tätigkeit des Schreibens auf den Stoff – also etwa das Pergament oder das Papier – verlagerte und dieser Stoff ja durch das «Einritzen» gewissermaßen gewaltsam beschädigt wurde.)

Zwecke ist ein altes Wort für einen «Nagel» oder «Stift». Übrigens ist das Wort *der Zweck* ursprünglich eine Variante desselben Worts: *Zweck(e)* war unter anderem die Bezeichnung für den «Pflock in der Mitte einer Zielscheibe». Während sich die Bedeutung der männlichen Form, *der Zweck*, allmählich auf das «Ziel» hin verschob, hat die weibliche Form *die Zwecke* die ursprüngliche Bedeutung beibehalten.

Münster
Heftzwecke
Düsseldorf
Köln
Reißzwecke
Koblenz
Frankfurt
Punaise
Trier
Luxemburg
Wanze
Reißnagel
Saarbrücken
Karlsruhe
Reißbrettstift

Im Nordwesten Deutschlands und in Ostbelgien ist das Wort *Heftzwecke* üblich. Diese Bezeichnung hebt darauf ab, dass man mit der *Zwecke* etwas auf ein Brett oder Ähnliches *heften* – also dort befestigen – kann, sodass es dort *haften* bleibt.

Im Saarland und in einigen Teilen von Rheinland-Pfalz sagt man *Reißbrettstift* 55. Es ist hier also nicht die Rede von einem *Nagel* oder einer *Zwecke*, sondern einem *Stift*, mit dem man etwas am *Reißbrett* befestigt. Und wie man schon an der Länge des Worts erkennt, verwenden die Sprecher in diesem Gebiet nicht eine Kurzform (analog zu *Reißnagel* und *Reißzwecke* müsste sie *Reißstift* heißen), sondern die vollständige Bezeichnung. Im benachbarten Luxemburg gebraucht man einen ganz anderen Ausdruck, nämlich das französische Wort *Punaise*. *Punaise* war ursprünglich nur die Bezeichnung der «Wanze» (von vulgärlateinisch *putinasius* [«stinkend»]) und wurde – wohl wegen der oberflächlichen Ähnlichkeit mit dem Insekt – im 19. Jahrhundert auch auf den Reißbrettnagel übertragen. Das aus dem Saarland

56

und dem Westen der Pfalz ebenfalls gemeldete Wort *Wanze* ist wahrscheinlich eine Bezeichnung, die durch die Übertragung der zweiten Bedeutung von *Punaise* auf die deutsche Übersetzung dieses Worts entstanden ist.

Karte 55 deutet darauf hin, dass die Verbreitungsgebiete von *Heftzwecke* und von *Reißbrettstift* früher einmal größer waren und dass die beiden Wörter vom Osten bzw. Süden her immer mehr von dem Wort *Reißzwecke* verdrängt worden sind.

Die Sprecher im Wallis und in Luxemburg haben mindestens zwei Dinge gemeinsam: den Kontakt mit einer französischsprachigen Bevölkerung (bzw. eine entsprechende Mehrsprachigkeit) und das aus diesem Kontakt resultierende Wort *Punaise* 56.

MIT WAS MAN BESCHÄFTIGT SEIN KANN

Nichtprofessionelles Fußballspielen

Fast überall auf der Welt ist bei Kindern, Jugendlichen und Erwachsenen das Fußballspiel beliebt, weil man dafür nichts anderes braucht als einen Ball, eine freie Fläche und ein paar Mitspieler. Das kann man natürlich auch als mehr oder weniger professionellen Sport betreiben. Hier geht es aber gerade um die Bezeichnungen für das nichtprofessionelle Fußballspielen in der Freizeit oder nach der Schule – so, wie es seit dem 19. Jahrhundert Verbreitung gefunden hat. Das erste Fußballspiel in Deutschland sollen der Braunschweiger Gymnasiallehrer Konrad Koch und sein Kollege August Hermann mit ihren Schülern 1874 ausgerichtet haben. An Schweizer Privatschulen spielte man freilich schon ein Jahrzehnt zuvor Fußball – aber das ist im Gegensatz zur Geschichte des Konrad Koch noch nicht mit Starbesetzung verfilmt worden.

Rostock
Hamburg
Fußball
spielen
Bremen
Berlin
pöhlen
Hannover
Dortmund
Leipzig
bolzen
Dresden
Köln
Erfurt
bäbbeln
Frankfurt
Luxemburg
Nürnberg
Mannheim
ßball
ielen
Stuttgart
Linz
Wien
kicken
München
kicken
Bregenz
Basel
Zürich
hutten
Innsbruck
Graz
Fußball spielen
Bern
tschutten
Bozen
fußballen

Der prosaische Ausdruck *Fußball spielen* ist in allen deutschsprachigen Ländern bekannt und in einigen wenigen Regionen auch die überwiegend gebräuchliche Bezeichnung 57. *Fußballen* heißt es daneben im Westen Österreichs. In Deutschland ist *bolzen* die geläufigste Bezeichnung. Sie leitet sich von *Bolz(en)* ab, dem Wort, das heute für einen «dicken Metallstift oder Holzpflock zum Verbinden von Bauteilen» verwendet wird und früher für das «Geschoss der Armbrust» stand. Das ist eigentlich keine schmeichelhafte Bezeichnung, hebt sie doch auf das eher grobe, unkontrollierte Drauflosschießen des Fußballs ab, das hier mit einem Bolzenschuss bzw. dem Einpressen eines Bolzens verglichen wird. Eine sächsische Besonderheit ist das Wort *bäbbeln*, das offenbar nur in der Dresdner Gegend üblich, aber in ganz Sachsen sehr bekannt zu sein scheint: Im Jahr 2010 wurde es in feierlichem Rahmen zum «schönsten sächsischen Wort» gekürt.

Andernorts hat man sich der englischen Sprache bedient – aus England kam im 19. Jahrhundert ja auch überhaupt die Idee, «leibesübung als spiel und zum vergnügen» zu betreiben, wie es das Grimm'sche Wörterbuch noch mit einer gewissen Distanz formuliert, «die vergnügungen des feldes, der jagd, wettrennen, schwimmen und sonst allerlei kurzweil nach festen regeln ausgeführt», und auch das Wort dafür: *Sport*. So heißt es im Südwesten Deutschlands und im Osten Österreichs *kicken*, nach englisch *(to) kick*; und «(mit dem Fuß) treten, stoßen» klingt ja schon weitaus harmloser als etwa *bolzen*. Das *kicken*-Gebiet in Deutschland reicht von Schwaben bis hinauf nach Frankfurt. Aus diesem Gebiet stammen interessanterweise auch einige traditionsreiche Fußballvereine, die den Namen *Kickers*

im Vereinstitel führen, nämlich die *Stuttgarter Kickers* und *Kickers Offenbach.*

Auch in der Schweiz, in Liechtenstein und im österreichischen Vorarlberg greift man offenbar auf das Englische zurück, hier benutzt man den Ausdruck *tschutten* oder – wie es im Westen, in der Basler Gegend und im Bernbiet, tönt – *schutten* 58. *(T)schutten* ist wohl auf das englische *(to) shoot* zurückzuführen und meint hier, ähnlich wie *kicken* «(gegen den Ball) treten, (den Ball) stoßen». Die Sprache des Fußballs – ob professionell oder nichtprofessionell – ist in der Schweiz, in Österreich und in Liechtenstein insgesamt immer noch stärker vom Englischen geprägt als in Deutschland: Was ein *Goal*, ein *Out*, ein *Corner* oder ein *Penalty* ist, wird sich nicht jedem deutschen Fußballfan unmittelbar erschließen.

Dabei war die Fußballterminologie auch im Deutschen Reich bis Anfang des zwanzigsten Jahrhunderts noch

weitgehend englisch. Mit Unterstützung des «Allgemeinen Deutschen Sprachvereins», der als wesentliches Ziel die Bekämpfung von sogenannten «Fremdwörtern» hatte, wurde das Fußball-Vokabular dann aber eingedeutscht. So stand etwa das wichtigste deutsche Wort im Fußball noch nicht fest, als Konrad Koch 1903 in seiner Schrift «Deutsche Kunstausdrücke des Fußballspieles» argumentierte: «Im Kampfe gegen das häßliche Fremdwort ‹Goal›, noch häßlicher ‹Johl› gesprochen, hat sich unser matter Ausdruck ‹Mal› als zu schwach erwiesen; also ersetzen wir ihn überall, wo es angeht, durch ‹Tor›. ‹Wir haben ein Mal gewonnen›, klingt allzuwenig frisch; ‹ein Tor gewonnen!› entspricht dem frohen Siegesbewußtsein weit mehr.»

Im Westen Deutschlands gibt es noch eine regionale Spezialität: *Pöhlen* 59. Es ist das typische Wort, das man im westfälischen Teil des Ruhrgebiets bis hin zur Paderborner Gegend gebraucht. Dass hier gerade das Ruhrgebiet ein eigenes Wort hat, darf nicht verwundern, wird doch den Menschen an Ruhr und Lippe ein besonders inniges Verhältnis zum Fußballspielen nachgesagt. *Pöhlen* ist eigentlich die niederdeutsche bzw. «plattdeutsche» Version des Worts *pfählen*. Ein Zusammenhang mit dem Ausdruck für das Fußballspielen könnte sich dadurch ergeben, dass die Kraft und Schnelligkeit beim Schießen des Fußballs mit derjenigen beim Einschlagen eines Pfahls verglichen wird – ein ähnliches Bild ergab sich ja schon im Zusammenhang mit dem Ausdruck *bolzen*. Sicher beweisen kann man die Richtigkeit dieser Erklärung nicht, aber einigermaßen plausibel erscheint sie immerhin.

Sich neutral über Alltägliches unterhalten

In unserem gesamten Buch geht es um Ausdrücke, die man im Alltag benutzt. Aber wie nennt man das eigentlich, wenn man «über Alltägliches redet»? Wir haben die Leute gefragt: «Wie sagen Sie, wenn zwei oder mehr Personen - auf der Straße, im Büro - zusammenstehen und sich unterhalten?»

Rostock
schnacken
Hamburg
klönen
Bremen
Berlin
Hannover
quatschen
Dortmund
Leipzig
Erfurt
Dresden
Köln
plaudern
babbeln
Frankfurt
Luxemburg
Nürnberg
Mannheim
ratschen
quatschen
Stuttgart
schwätzen
Linz
tratschen
Wien
München
plaudern
Basel
Bregenz
Zürich
Innsbruck
Graz
audern
Bern
Bozen

Die meisten Gebiete haben regionaltypische Bezeichnungen für das Unterhalten über Alltägliches. Am weitesten verbreitet sind die Ausdrücke *tratschen, ratschen* und *quatschen,* die sich auch lautlich bzw. lautmalerisch ähneln 60. *Tratschen* ist nur im Osten Österreichs – genauer: in Wien und Niederösterreich, im Burgenland und in Teilen der Steiermark – das dominierende Wort. Zwar ist *tratschen* eigentlich fast überall im Sprachgebiet bekannt und gebräuchlich – aber eben nicht immer in der neutralen Bedeutung, sondern gerade in der Bedeutung «schlecht über andere reden». In neutraler Verwendung ist *ratschen* der typische Ausdruck in Bayern, in Tirol, Salzburg, Kärnten und in den westlichen Regionen von Oberösterreich und der Steiermark sowie in Südtirol. In der Mitte des Sprachgebiets, von der Oder bis fast zur Maas, wird meist *quatschen* verwendet. Im südfränkischen und alemannischen Raum sowie

61

in Luxemburg ist *schwätze(n)* das typische Wort – nur nicht in Bayerisch-Schwaben, da hat man von den bayerischen Nachbarn *ratschen* übernommen. Mancherorts sagt man auch *plaudern*. Die Verbreitung dieses Worts schreibt man Martin Luther zu, der es allein in seinen durch den Druck populär gewordenen «Tischreden» mehrfach verwendet. Wenn es sich eher über die Schriftsprache ausgebreitet hat, würde das auch erklären, warum es nur vereinzelt neben den regional angestammten Bezeichnungen auftaucht.

Im Westen Deutschlands sind die Verhältnisse nicht ganz so klar. Dort gibt es neben *quatschen, schwätzen* und *ratschen* auch noch das Wort *babbeln,* das typisch für Teile der Pfalz und Hessens ist (61). *Babbeln* erinnert an das ebenfalls lautnachahmende Wort *plappern,* hat aber nicht dessen negative Nebenbedeutungen. Die hellen Farbtöne in diesem Gebiet deuten darauf hin, dass diese Bezeichnungen von Ort zu Ort verschieden oder sogar am selben Ort nebeneinander verwendet werden, daher lassen sich hier keine klaren Grenzen ziehen.

In den nördlichsten deutschen Bundesländern konkurrieren die Wörter *klönen* und *schnacken,* die beide aus dem Niederdeutschen stammen und letztlich auch lautmalerischen Ursprung haben (62). Im Substantiv *Klönschnack,* das auch einmal der Name einer in Plattdeutsch ausgestrahlten Radiosendung war, sind beide Verben vereint. In der hochdeutschen Umgangssprache scheint *schnacken* heute aber geläufiger zu sein als *klönen,* das auf der Karte buchstäblich etwas an den Rand gedrängt erscheint. *Schnacken* ist eigentlich eine an das Hochdeutsche angepasste Lautform, in den niederdeutschen Dialekten heißt es *snacken.* Wenn dies an das englische Lehnwort *Snack* für eine kleine

Mahlzeit erinnert, ist das kein Zufall: *Snack* geht im Englischen auch wieder auf eine Entlehnung zurück, auf das niederländische Verb *snakken,* das zunächst wohl zugleich «schwatzen» und «(zu)schnappen, beißen» bedeutete und heute vor allem im Kontext «nach Luft schnappen» verwendet wird – auch metaphorisch im Sinn von «schmachten, sich nach etwas sehnen». Ausgangspunkt für all dies ist die Nachahmung des Geräuschs beim gierigen Öffnen des Munds, das halt verschiedenen Zwecken dienen kann …

Schluckauf

Mit Kindern redet man in der Regel anders als mit Erwachsenen. Bei der Frage nach den «plötzlich auftretenden ruckartigen Einatmungsbewegungen, wie sie bei Kindern häufig auftauchen», interessierte uns, welchen Ausdruck man für gewöhnlich gegenüber Kindern verwendet, wenn man sie fragt: «Hast du (einen/'nen/a, den/de etc.) ...?». Die Bezeichnungen gruppieren sich dann um lautmalende Wörter mit den Wortstämmen *schluck-*, *schnack-*, *gluck-* und *hick-* herum. (Kein Scherz!) 63

Rostock
Hamburg
Bremen
Berlin
Hannover
Schluckauf
Dortmund
Leipzig
Erfurt
Dresden
Köln
Schlucken
Frankfurt
Luxemburg
Mannheim
Nürnberg
Schluckser
Hick
Hickser
Schnackler
Stuttgart
Hecker
Wien
Linz
München
Schnackerl
Gluckser
Bregenz
Basel
Zürich
Innsbruck
Graz
Hitzgi
Schluckiza
Bern
Bozen
Gluggsi

Der in Deutschland am weitesten verbreitete Ausdruck ist *Schluckauf*. Hier stand das Niederdeutsche bzw. «Plattdeutsche» Pate: Es handelt sich um eine Übertragung des niederdeutschen Worts *Sluckup* ins Hochdeutsche. Als *Schluckauf* taucht das Wort spätestens im 18. Jahrhundert im Hochdeutschen auf. Die niederdeutsche Herkunft erklärt auch, warum das Wort ursprünglich nur im Norden Deutschlands gebräuchlich war. So war *Schluckauf* noch in den 1970er Jahren nur in Niedersachsen, Schleswig-Holstein, Hamburg, Bremen und Mecklenburg-Vorpommern als alleinige Variante üblich, in allen anderen deutschsprachigen Regionen – außer der Deutschschweiz – war es damals nur sporadisch in Gebrauch. Heute hat dieses Wort im Norden und in der Mitte Deutschlands, in Ostbelgien, Luxemburg sowie teilweise auch schon im Süden Deutschlands viele andere Bezeichnungen verdrängt, die dort früher noch üblich waren und alle vom Verb *schlucken* abzuleiten sind: Die Substantivierung *Schlucken*, in den 1970er Jahren noch fast in ganz Ostdeutschland sowie teilweise in Hessen gebräuchlich, wurde bei uns nur noch vereinzelt aus Sachsen, Brandenburg und Sachsen-Anhalt angegeben. Auch *Schlick* bzw. *Schlicks*, früher in Nordrhein-Westfalen und im Moselgebiet üblich, ist fast völlig verschwunden. Im Süden ist *Schluckauf* bisher nur in Franken, Bayerisch-Schwaben und im Großraum München die am häufigsten gebrauchte Variante; sie breitet sich aber in Bayern weiter aus. Einzig der Ausdruck *Schluckser* hat sich im Saarland und in Teilen der Pfalz noch behaupten können. Allerdings ist auch dieses Wort, das im Saarland und in der Pfalz bis hinauf nach Südhessen häufig war, schon recht weit zurückgedrängt worden.

Für den bayerisch-österreichischen Raum sind Ausdrücke mit dem Stamm *schnack-* typisch. Das Verb *schnacken* bezeichnete ursprünglich «eine schnappende, schnellende bewegung des mundes», wie es im Grimm'schen Wörterbuch heißt – bei den Ausdrücken für sich «unterhalten» (S. 139–140) war schon von der niederdeutschen Variante *snacken* die Rede. Die von *schnacken* abgeleitete Form *schnackeln* findet sich nur im Oberdeutschen (und ist unbedingt vom Verb *schnackseln* zu trennen, das eine ganz andere Bedeutung hat, nämlich «koitieren»). Genau dieses Verb *schnackeln* liegt den verschiedenen Bezeichnungen für den Schluckauf in Bayern und Österreich zugrunde: *Schnackler* wird in Altbayern sowie in Teilen Tirols und Südtirols verwendet. Das in Österreich – außer Tirol und Vorarlberg – gebräuchlichste Wort ist *Schnackerl* mit der für den Osten Österreichs charakteristischen Verkleinerungsform *-erl*.

Im Westen Österreichs und in Südtirol sieht man eine Vielfalt der Bezeichnungen mit *Schnack-* und *Schluck-* auf relativ engem Raum: Neben *Schnackler* sagt man in Vorarlberg, Tirol und Südtirol auch *Schnackel* 64. In einem südöstlichen Teil Tirols heißt es *Schnaggile*. Eine Variante mit *Schluck-* ist das Wort *Schluckiza*, das spezifisch für den Osten Südtirols ist. Im südlichen Teil von Vorarlberg ist *Schluckauf* gebräuchlich – die Sprecher haben offenbar das in Deutschland am weitesten verbreitete Wort übernommen.

Bezeichnungen für den Schluckauf mit den Wortstämmen *gluck-* und *hitz-* finden sich heute vor allem noch im Südwesten und Westen des deutschsprachigen Raums 65: Zu den Wörtern mit dem Stamm *gluck-* gehören *Gluckser* und *Gluggsi*. In Baden – übrigens auch in den deutschen Dialekten im Elsass und in Lothringen – sagt man *Gluckser*, vereinzelt auch *Glutzger*. Im südlich anschließenden Westteil der deutschsprachigen Schweiz verwendet man die Diminutivform *Gluggsi*. Diese Formen leiten sich von *glucksen/gluggsen* ab, einer verstärkenden Form des Verbs *glucken/gluggen*, das ursprünglich den Laut einer gluckenden Henne nachahmte.

Eine Reihe von Bezeichnungen weisen schließlich die ebenfalls lautmalende Komponente *Hick-* auf. Nur *Hick* sagt man in Luxemburg, *Hickes* heißt es teilweise noch in Ostbelgien. *Hecker* oder *Hickser* wird vor allem im zentralschwäbischen Raum verwendet. Die Form *Hickser* reicht aber noch weiter ins Pfälzische und Südfränkische hinein, *Hecker* bis in den Norden Bayerisch-Schwabens. Im größten Teil der deutschsprachigen Schweiz und in Liechtenstein ist die Variante *Hitzgi* die am weitesten verbreitete. Neben diesen Ausdrücken gab es früher bzw. gibt es ver-

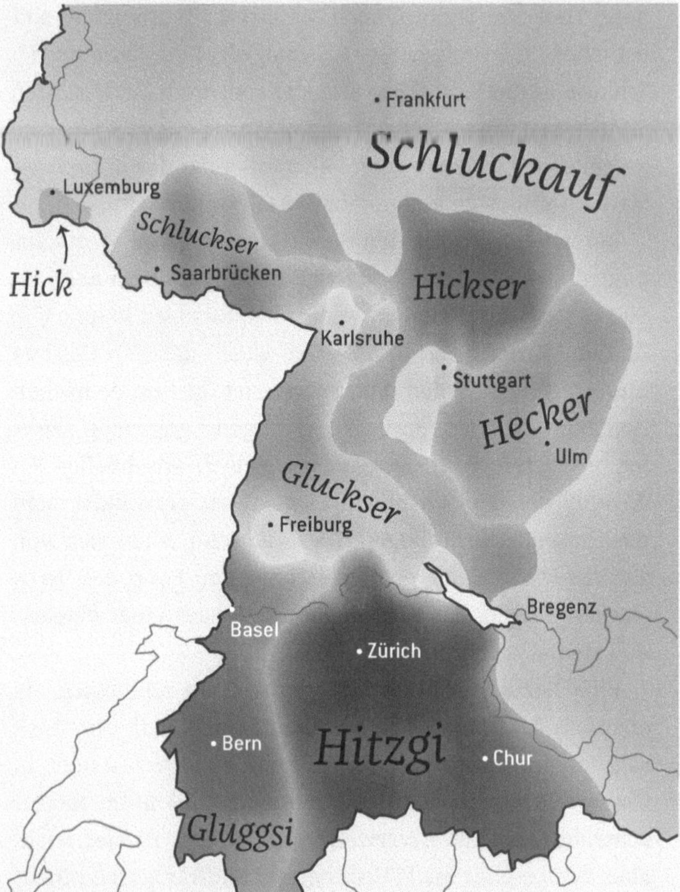
Frankfurt
Schluckauf
Luxemburg
Schlucksek
Saarbrücken
Hick
Hickser
Karlsruhe
Stuttgart
Hecker
Ulm
Gluckser
Freiburg
Bregenz
Basel
Zürich
Bern
Hitzgi
Chur
Gluggsi

einzelt auch heute noch eine Vielzahl weiterer Formen mit *Hick-* als Bestandteil, im Gebiet des Brienzer Sees etwa *Higgi*, in Bayerisch-Schwaben und in Liechtenstein *Higgi*, in Mittel- und zum Teil auch Oberfranken *Hetscher* (oder *Hätscher* geschrieben), am Niederrhein, in Ostbelgien sowie stellenweise in Westfalen *Hickepick*, und in Nord- und Ostdeutschland sagt man mancherorts auch (noch) *Hicki*.

Die lautmalenden Formen mit *Hick-* sind wahre «Internationalismen», denn ähnlich klingende Wörter finden sich nicht nur in fast allen germanischen Sprachen, man vergleiche etwa niederländisch *hik*, englisch *hiccup/hiccough*, friesisch *hikje*; norwegisch und dänisch *hikke*, schwedisch *hicka*, isländisch *hiksti* und afrikaans *hikken*. Auch in anderen Sprachen tönt es ähnlich: Finnisch heißt es *hikka*, russisch *икота*, spanisch *hipo*, französisch *hoquet* oder türkisch *hıçkırmak*. Andere Bezeichnungen in germanischen Sprachen stellen sich wiederum zur Gruppe mit dem Stamm *Schluck-*, vergleiche *shlooxa* im Pennsylvania-Deutschen, שלוקערץ (in etwa *Schluckerts*) im Jiddischen und *slük* im Fering-Friesischen.

Wie solche kleinräumigen Formen allmählich von einer überregional üblichen und für viele Eltern vielleicht auch «hochdeutscher» klingenden Variante abgelöst werden, kann man auf diesem Kartenausschnitt geradezu mitverfolgen: Um größere (Universitäts-)Städte im deutschen Südwesten herum – wie etwa Stuttgart, Freiburg und Karlsruhe – bilden sich kleine «Inseln», in denen man das in den anderen Gebieten Deutschlands dominante Wort *Schluckauf* verwendet. Eine weitere Beobachtung, die diese Vermutung bestärkt: Fragt man die Leute danach, wie sie gegenüber einem Arzt sagen würden, wenn das Symptom «so schlimm ist, dass es ständig auftritt», und man sich deswegen in ärztliche Behandlung begibt, so erhält man – außer in der Schweiz – fast überall die Antwort: *Schluckauf.*

WIE WIR KLEINE WÖRTER AUSSPRECHEN

Aussprache von *haben* («Haben wir …?»)

Haben gehört zu den am häufigsten verwendeten Wörtern im Deutschen (wie *have* im Englischen, *avere* im Italienischen usw.). Das liegt schon daran, dass Besitz in unserer Welt eine große Rolle spielt und dass auch Gefühle, Gedanken, Termine und anderes in der Sprache wie Besitz ausgedrückt werden. So sagen wir beispielsweise: «Ich *habe* Lust auf ein Schokoladeneis», «Ich *habe* kalte Ohren», «Ich *habe* keine Ahnung», «Wir *haben* heute den 1. Juli», «Wir *haben* in dieser Woche dreimal Mathe» usw. Dazu kommt, dass sich aus dem Vollverb das Hilfsverb *haben* entwickelt hat. Auch dabei spielte anfangs die Idee von Besitz eine Rolle: Zunächst ging es nicht so sehr um einen Vorgang in der Vergangenheit – wie heute z. B. bei «Wir *haben* Bier *gekühlt.*» –, sondern um eine Eigenschaft von etwas, das man besitzt: «Wir *haben* [von uns] *gekühltes* Bier.»

Wenn man es sich mit der Aussprache der Formen dieses häufigen Verbs etwas bequemer macht, spart man insgesamt viel Zeit und Energie. Das hat selbst in der Standardsprache dazu geführt, dass hier ein ursprünglich ganz regelmäßiges Verb unregelmäßige kürzere Formen bekommen hat. Es heißt *er hat, sie hatte*, nicht *er habt, sie habte.* Im Althochdeutschen, vor etwa 1200 Jahren, war es noch *habēt, habēta.* Auch im Englischen bleibt von *have* oft nur *'ve* übrig, im Schwedischen ist der Verbstamm nur noch *ha.*

Es erklärt sich also leicht mit ökonomischen Gründen, dass die Form *haben* im Alltag fast nirgends mit zwei Silben ausgesprochen wird. Schon im Mittelhochdeutschen, vor etwa 800 Jahren, war vor allem beim Hilfsverb die Form *hân* üblich. Dabei ist *haben* also zu einer Silbe zusammengezogen. Genauso haben die heute in der Alltagssprache verwendeten Formen meistens auch kein *-b-* mehr. Nur ganz im Nordosten und teilweise im Raum Hannover sagt man *habn/habm,* so wie die Aussprachenorm der Standardsprache es vorsieht. Diese normgetreue Aussprache, die man Hannover ja allgemein zuschreibt, hat übrigens nichts mit dem ursprünglichen Dialekt dieser Region zu tun, denn der war niederdeutsch. Im Dialekt von Hannover hätte man für «wir haben» etwa *wi hewwet* oder *wi hett* gesagt. Die Aussprache *habn/habm* erklärt sich vielmehr damit, dass man hier früh das Hochdeutsche als «Fremdsprache» gelernt hat, vor allem nach der Schrift, und sich dabei Mühe gab, deutlich und genau das Schriftdeutsche wiederzugeben.

Wenn *habm* statt *habn* gesprochen wird, ist dies also auch für die Standardaussprache anerkannt. Bereits dies ist eine Vereinfachung für die Sprecher: *m* wird durch die Nase artikuliert wie *n,* aber anders als *n* mit geschlossenen Lippen, wie das vorangehende *b* auch.

Im größten Teil des Sprachgebiets lautet die Form schlicht *ham* 66. In vielen Regionen ist das die normale Aussprache von *haben* in allen Fällen. Sie ergibt sich dadurch, dass *bm* weiter zu *m* vereinfacht ist. Gebietsweise gibt es aber daneben auch andere Formen für *haben,* und es

Rostock
habm
habn
Hamburg
Bremen
Hannover
Berlin
Dortmund
Leipzig
ham
Erfurt
Dresden
Köln
Frankfurt
hum
Luxemburg
Mannheim
Nürnberg
han
Stuttgart
hem
ham
Linz
Wien
München
Basel
Bregenz
habm
habn
Innsbruck
hom
Graz
Zürich
hon
Bern
hei
Bozen

kommt darauf an, wie der Satz weitergeht: Die Karte zeigt die Formen von *haben* in dem Beispielsatz «*Haben* wir noch (eine) Milch im Haus?».

Diese Kombination «haben wir» ist im Deutschen besonders häufig, und auch *w* wird – wie *b* und *m* – mit Beteiligung der Lippen artikuliert. In manchen Gegenden ist es daher speziell diese Kombination «haben wir» oder allgemeiner «-en wir», in der das -*n* zu -*m* wird. Und dann kann gleichzeitig noch das *w* von *wir* wegfallen. So lautet «haben wir» dann oft wie *hammer* oder *hamma* – so, wie auch «sind wir» oft zu *simmer, samma* usw. verschmilzt. Das aus solchen Kombinationen entstandene *mir* für *wir* hat sich in vielen Regionen dann verselbständigt, sodass man dort auch am Satzanfang *mir* sagen kann, z. B. in Bayern: «*Mir* san mir!»

In Österreich klingt *haben* im Satz «*Haben* wir noch (eine) Milch im Haus?» den Angaben der Teilnehmer unserer Umfrage zufolge zumeist wie *hom* statt *ham*, während die bayerischen Teilnehmer *ham* angegeben haben. Folgt man diesen Angaben, dann gibt es in der Alltagssprache einen Unterschied in der Aussprache, der – abgesehen vom Tiroler Gebiet – ziemlich genau der deutsch-österreichischen Staatsgrenze folgt. Interessanterweise wird aber in den Dialekten auf beiden Seiten der Grenze *hom* gesagt. Nur im Nordosten Österreichs, vor allem im weiteren Umkreis von Wien, und im Raum Graz wurde auch *ham* angegeben, so wie im größten Teil Deutschlands 67. Die Schreibweise von *hom* mit *o* ist übrigens eine Vereinfachung: Tatsächlich hört sich das *o* hier nicht wie im Wort *komm* an. Vielmehr liegt die Aussprache irgendwo zwischen *a* wie in *am* und *o* wie in *komm*; man spricht von einem «dunklen *a*» oder «dumpfen *a*».

Sehr vielfältig sind die Ausspracheformen für *haben* im Westen und Südwesten 68. Zum einen gibt es hier Gegenden, in denen *haben* – trotz der Kombination mit dem folgenden *w* von *wir* – auf *-n* endet: So sagt man im Saarland *han*. Eine bekannte Redensart, die die Vorliebe der Saarländer für gutes Essen beschreibt, lautet: «Hauptsach gudd gess, geschafft [‹gearbeitet›] *han* mir schnell.» Im Hunsrück heißt es *hon* – wie im Süden Vorarlbergs (auf Karte 66 zu sehen). Zum anderen ist der Vokal hier nicht überall *a* oder *o*. So gibt es in Luxemburg *hum* – wie auch *an(-)* in Luxemburg *un(-)* bzw. *u(-)* lautet, wie z. B. in *Undenken* oder *Umeldung* statt *Andenken* oder *Anmeldung*. Im deutschen Südwesten und in der Osthälfte der Schweiz heißt es vorwiegend *hem*. Dabei setzen sich in Baden-Württemberg wieder

Koblenz
ham
Frankfurt
hon
Luxemburg
hum
han
Saarbrücken
Karlsruhe
hem
hom
Freiburg
Basel
Zürich
hei
Bern

die größeren Städte – wie etwa Karlsruhe, Stuttgart und Freiburg – mit *ham* von ihrer Umgebung ab, aber auch der weitere Bodenseeraum mit *hom*. Besonders fällt der Westen der deutschsprachigen Schweiz aus dem vorherrschenden Bild heraus: Hier lautet die Form *hei*.

Aussprache der Zahl «15»

Lautfolgen wie *-nfts-* haben dem Deutschen den Ruf eingetragen, nicht besonders elegant zu klingen. Deutschlerner mit phonetisch «bequemeren» Muttersprachen können solche Kombinationen an den Rand der Verzweiflung bringen, während Deutsch-Muttersprachler sogar am Ende einer Silbe gelassen *-rbst* (wie in *Herbst*) und *-rschst* produzieren (wie in «Du *knirschst* nachts mit den Zähnen!»).

Bei dem Wort für die Zahl «15» stellt man dennoch fest, dass in den meisten Regionen die Aussprache vereinfacht worden ist 69. In der Schweiz bleibt zwar das *-fts-* unangetastet, jedoch erspart man sich das *-n-* im Wort für «5», sodass die Kombination mit «10» vereinfacht *füfzäh* lautet. Dieser Ausfall des *n* vor *f* hat zwar auch in niederdeutschen Dialekten stattgefunden («5» klingt dort wie *fiif*), wie auch im Niederländischen (*vijf*) oder Englischen (*five*), aber davon ist in der norddeutschen Alltagssprache keine rechte Spur mehr zu finden. Hier macht man sich zumeist die Mühe, «15» wie in der hochdeutschen Standardsprache auszusprechen, also *fünfzehn*. Was dabei herauskommt, ist in Wirklichkeit aber häufig eine Aussprache, die sich eher wie *fümfzen* anhört: Das *n* gleicht sich dabei dem folgenden *f* an, das unter Beteiligung der Lippe produziert wird – sodass es eben so wie *m* tönt –, und das *-e-* ist zum Mur-

Rostock
Hamburg
Bremen
fünfzehn
Berlin
Hannover
fuffzehn
Dortmund
Leipzig
Erfurt
Dresden
Köln
Frankfurt
Luxemburg
Nürnberg
Mannheim
Stuttgart
fuffzeh
fuchzehn
Linz
Wien
München
Basel
Bregenz
Zürich
Innsbruck
Graz
füfzäh
Bern
Bozen

mellaut abgeschwächt. Die *n*-lose Form *fuffzehn* – anders als in der Schweiz ohne Umlaut und mit kurzem *u* gesprochen – ist dagegen fast im gesamten Osten Deutschlands ganz üblich (aber nicht in Mecklenburg-Vorpommern) sowie im Westen vom Niederrhein und Münsterland bis hinunter nach Baden-Württemberg. Weitere Gebiete, in denen man *fuffzehn* sagt, sind außerdem in Tirol und östlich von Wien zu finden. Man sieht, dass diese lautliche Vereinfachung für viele Sprecher einfach naheliegt. In der Gegend von Basel, aber auch weit entfernt von der Schweiz, in der Pfalz, dominiert *fuffzeh* ohne *-n*. Vor allem in Bayern und Österreich (ohne Tirol und Vorarlberg) und einem Teil von Südtirol, aber auch im Saarland ist die Konsonantengruppe *-fts-* noch weiter verändert: Hier sagt man *fuchzehn*.

Dass man in Wien anders spricht als im «Rest» des Landes, zeigt auch dieser Kartenausschnitt: Der Raum Wien unterscheidet sich vom übrigen Österreich durch eine klare Dominanz der Form *fünfzehn*. Auch um andere größere Städte im *fuchzehn*-Gebiet sieht man zumindest eine hellere Färbung, die andeutet, dass *fuchzehn* dort nicht so uneingeschränkt vorherrscht wie in den ländlichen Gebieten. Die Städte gehen hier also voraus mit der (Wieder-)Einführung der unbequemer auszusprechenden Form. Deren Vorteil liegt auf einer anderen Ebene, nämlich darin, dass die Zahlen in der Einer- und der Zehnerstelle, nämlich *fünf* und *zehn*, beide deutlich zu erkennen sind. Nach diesem Muster sind auch die anderen Wörter für die Zahlen zwischen «13» und «19» gebildet, während man in *fuchzehn* nicht auf Anhieb die Zahl in der Einerstelle wiedererkennt. Ein solches Tauziehen zwischen «Durchsichtigkeit» im Sinne von Deutlichkeit auf der einen und «bequemerem Sprechen»

auf der anderen Seite ist typisch in der Entwicklung von sprachlichen Formen. Meistens tendieren Dialekte eher zur Bequemlichkeit, die Standardsprache eher zur «Durchsichtigkeit».

Anders als Dialekte hat sich die Standardsprache nicht immer einfach so entwickeln dürfen, wie die Menschen gesprochen haben: Die heranwachsenden Sprecher (und Schreiber) wurden und werden von Respektspersonen dazu gebracht, bestimmte Formen zu verwenden und andere zu vermeiden. So ist der Umlaut in *fünfzehn* in der Standardsprache wieder durchgesetzt worden, nachdem er eigentlich schon aufgegeben schien – weil man es für wichtig hielt, dass an der Einerstelle eine mit *fünf* übereinstimmende Form steht. Goethe verwendet noch vorwiegend *funfzehn* (und fast immer *funfzig*). Und im Deutschen Wörterbuch der Brüder Grimm steht als Eintrag *funfzehen* mit dem Hinweis, die «heute» (erschienen ist dieser Teil des Wörterbuchs 1878) überwiegende Form sei das umlautlose *funfzehn* – «doch die schule wahrt in rücksicht auf fünf nicht ohne pedanterie fünfzehn».

In der Alltagssprache durchgesetzt hat sich eine am standarddeutschen *fünfzehn* orientierte Aussprache, besonders in der Gegend von Hannover, während die ostdeutschen Länder (außer Mecklenburg-Vorpommern) ziemlich eindeutig an *fuffzehn* festhalten, besonders Sachsen 70. Im Westen sieht man dagegen schon *Fünfzehn*-Enklaven im rheinisch-hessischen *Fuffzehn*-Gebiet.

71

Auf Karte 71 erkennt man etwas genauer, dass *fuffzeh* ohne *-n* außer in der Pfalz und um Basel herum auch in Vorarlberg gebräuchlich ist und dass die Grenze von *füfzäh* mit Umlaut sich ziemlich genau an die Schweizer Staatsgrenze hält. Die gelben Kreise um die größeren Städte im Südwesten Deutschlands stehen dagegen für die Form *fünfzehn*, ebenfalls mit Umlaut. Man sieht hier wieder einmal deutlich, dass die Sprecher in den Städten sich stärker an der Normaussprache orientieren als die Sprecher in ländlichen Gebieten.

Aussprache von betontem *das* («Das weiß ich auch nicht.»)

Wenn Kinder den wichtigen, aber für die Eltern zuweilen nervtötenden Satz «Was ist das?» lernen, erwerben sie damit oft auch schon ihre regionale Visitenkarte. Besonders bekannt sind die Formen *dit/det* (und *wat*) als Erkennungszeichen der Berliner und benachbarten Brandenburger sowie *dat* (und *wat*) als Charakteristikum der Rheinländer und der Menschen aus dem Ruhrgebiet (72).

Das *-t* ist die ältere Form: Wie noch das Englische (*that*), das Niederländische (*dat*) oder die skandinavischen Sprachen (*det*) bezeugen, endete das germanische Wort auf *-t*. Das *-s* geht auf eine deutsche Sonderentwicklung zurück, die sogenannte «zweite» oder «hochdeutsche Lautverschiebung». Dabei erfolgte – ungefähr in der Zeit vom 5. bis zum 8. Jahrhundert unserer Zeitrechnung – eine systematische Veränderung einer Reihe von Konsonanten in den hochdeutschen Dialekten. Die niederdeutschen Dialekte im Norden Deutschlands haben diese Veränderungen nicht mitgemacht. Das Standarddeutsche ist jedoch aus den hochdeutschen Dialekten in der Mitte und im Süden des deutschsprachigen Gebiets entstanden. Im Vergleich zwischen dem Deutschen und dem Englischen oder Niederländischen sieht man in einer langen Reihe von Wörtern die Folgen der zweiten Lautverschiebung, etwa in

Rostock
dat
Hamburg
Bremen
det
dit
Hannover
Berlin
dis
das
Dortmund
Leipzig
Erfurt
Dresden
Köln
dat
Frankfurt
Luxemburg
Nürnberg
Mannheim
dees
des
Stuttgart
Linz
Wien
München
Basel
Bregenz
deis
Zürich
Innsbruck
Graz
Bern
dos
Bozen
sell

Wasser – water, aus – out/uit, weiß – white/wit usw., ebenso in *offen – open* und *machen – make(n)* etc. In den niederdeutschen Dialekten heißt es, wie in den anderen germanischen Sprachen, *Water, ut, witt* usw. Die Alltagssprache in Norddeutschland basiert heute aber praktisch überall auf der hochdeutschen Standardsprache, nicht mehr auf dem niederdeutschen Dialekt. Man sagt also *Wasser* usw. wie im Süden – und meistens eben auch *das*. Die helleren Flächen, die man auf der Karte besonders ganz im Westen und Norden des norddeutschen Raums sieht, lassen allerdings schon erkennen, dass dies nicht zu hundert Prozent gilt: Vor allem in ländlicheren Gegenden ist dort auch *dat* nicht unüblich. Es hat sich da also noch die alte Lautung erhalten – auch wenn die Menschen in ihrer Alltagssprache eine Form des Hochdeutschen sprechen.

Die Gebiete, die für ihr *dat* bekannt sind, befinden sich jedoch überwiegend gerade nicht im niederdeutschen Raum. Im größten Teil des Ruhrgebiets war der – heute praktisch verschwundene – Dialekt zwar tatsächlich westfälisch, also niederdeutsch, und die Dialekte am Niederrhein haben die Lautverschiebung auch nicht mitgemacht. Die Nordgrenze der allermeisten «lautverschobenen» Formen wie *Wasser, weiß (wiiß)* usw. in den Dialekten verläuft im Rheinland jedoch schon knapp südlich von Düsseldorf, genauer: Sie schneidet bei Düsseldorf-Benrath den Rhein und wird daher «Benrather Linie» genannt.

Die Formen *dat* und *wat* sind (zusammen mit *et* und *dit* für «es» und «dies») allerdings Ausnahmen, die in den rheinischen Dialekten ihre eigene, südlicher gelegene Lautverschiebungsgrenze haben, nämlich die «*Dat-das*-Linie». Sie wird auch «St. Goarer Linie» genannt. Damit ist ihr Verlauf

73

klar 73: Die Loreley konnte sich beim Kämmen vielleicht überlegen, ob sie *das Wasser* oder *dat Wasser* singen wollte, aber von da an rheinabwärts und weiter westlich im ganzen Moselraum bis Luxemburg haben die Dialekte nur *dat* und *wat*. Während nun im niederdeutschen Raum der Übergang vom Dialekt zur hochdeutschen Umgangssprache bedeutete, dass in den meisten Wörtern systematisch *t* durch *s* zu ersetzen war, ging bzw. geht es von Köln bis zur Mosel nur um diese wenigen «Kleinwörter».

Für diese unauffälligen, aber häufig gebrauchten Wörter macht man sich auch in der nichtdialektalen Alltagssprache keine spezielle Mühe – so bleibt man etwa beim angestammten *dat*. Die Ausspracheformen *dat* und *wat* für «das» und «was» in der heutigen Alltagssprache stellen allerdings interessanterweise auch im nördlichen Rheinland und bis nach Westfalen hinein Ausnahmen dar, auch wenn sie dort im Dialekt nie Ausnahmen waren. Das erklärt sich wohl am ehesten mit einer Orientierung dieser Gegenden am Vorbild der Großstadt Köln. Nach der Karte hält man in Köln auch heute noch stärker an *dat* fest, während die größeren Städte der Region – Düsseldorf, Bonn und im Westen Aachen – schon mehrheitlich zum hochdeutschen *das* übergegangen sind.

Die zweite Region mit der Lautverschiebungs-Ausnahme ist Berlin mit seinem brandenburgischen Umland 74. Berlin liegt zwar historisch auf «niederdeutschem Boden», aber nahe an der Benrather Linie, also nicht sehr weit vom hochdeutschen Raum entfernt. Außerdem siedelten sich im Zuge seiner wachsenden Bedeutung viele Menschen

74

aus anderen, ebenfalls hochdeutschen Regionen hier an. So ist man in Berlin besonders früh zu einer hochdeutschen Alltagssprache übergegangen, die Spuren des vorher gesprochenen niederdeutschen Dialekts trägt. Dazu gehören auch die «unverschobenen» Formen von «das» und «was» (sowie auch von «ich»: Es heißt dort *ick* beziehungsweise *icke*), die auch im Westen (schon alte) Ausnahmen darstellen. Bei «das» wurde außerdem der «hellere» – das heißt im Mund weiter vorne ausgesprochene – Vokal beibehalten, den das Wort in der Version der niederdeutschen brandenburgischen Dialekte hat: So sagt man dort *det/dit*. Ganz im

75

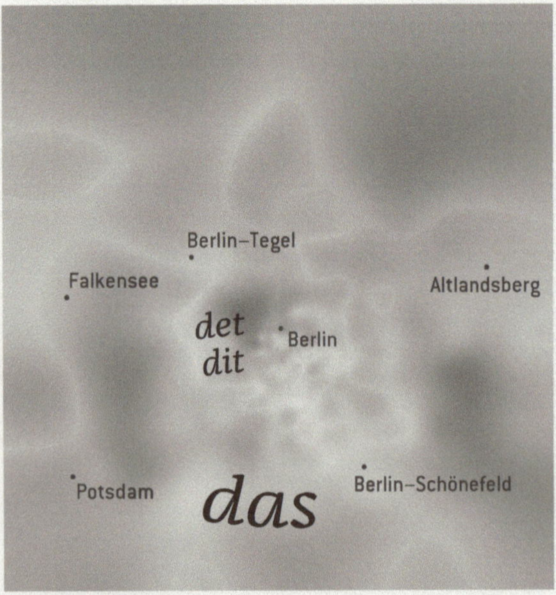

Osten, etwas südlich von Frankfurt an der Oder, findet sich der helle Vokal auch in der verschobenen Form, also *dis*.

Auffällig ist bei näherem Blick auf das Berliner Stadtgebiet, dass *det/dit*, das auf der größeren Ausschnittskarte ja klar ein Gebiet um Berlin herum bildet, in der nahen Umgebung von Berlin (z. B. Potsdam) meistens durch *das* ersetzt ist 75. Bei noch näherem Hinsehen zeigt sich dann aber der innerste Kreis, die Stadt Berlin selbst, wieder als *det/dit*-Zentrum. Hier kommt wohl einerseits wieder der Großstadt-Effekt zum Tragen: Der Zuzug vieler Menschen aus vielen Regionen führt eher zum Rückgang der regionalen Eigenheiten. Die starke Identifikation der Berliner mit «ihrer» Sprechweise befördert andererseits die Erhaltung von *dit*.

Vom Main an südlich ist der Vokal in «das» – außer in der Schweiz – in der Regel überall *-e-*, so heißt es dort *des*. Im Detail betrachtet, gibt es weitere Unterschiede (76): Um die Metropole Wien herum findet sich wieder die an der Normaussprache orientierte Form *das*. Im Burgenland und westlich daran anschließend sagt man teilweise *deis*. Und in Niederbayern lautet die Form *dees* (mit langem *e*). Südtirol fällt ganz aus dem Rahmen, und zwar mit einem Wort, bei dem sich die Frage der Lautverschiebung überhaupt nicht stellt: *Sell* ist keine Form von *das*, sondern von *selb(-)*, das hier die Funktion des Demonstrativpronomens *das* übernommen hat. Aus der älteren beziehungsweise gehobenen Standardsprache kennen wir *selbiges* in ähnlicher Verwendung, um auf etwas schon Genanntes zu verweisen. So kann es im Amtsdeutsch durchaus noch heißen: «Selbiges konnten die Beamten unterbinden.»

SCHLUSS

Damit ist unser kleiner Ausflug in die Vielfalt der deutschen Alltagssprache abgeschlossen. Sie haben in den Karten und Texten hoffentlich Ihren eigenen Gebrauch wiedererkannt und ebenso den Ihrer Bekannten vom anderen Ende des deutschsprachigen Raums. Vielleicht haben Sie auch feststellen können, dass es Ausdrücke gibt, von denen Sie bisher gar nichts ahnten. Oder Sie haben sie schon einmal gehört, aber als unpassend aufgefasst, weil Sie sie anders verstanden haben als der Sprecher. Vor allem hoffen wir, dass deutlich geworden ist, dass es nicht das eine «richtige» Deutsch gibt und alles andere «falsch» ist. Wie schon eingangs gesagt, betrifft das Nebeneinander verschiedener gleich «richtiger» Ausdrücke nicht nur die Alltagssprache, die von Regiolekten und Dialekten bestimmt ist, sondern oft auch die Standardsprache. Und wenn ein Ausdruck von Wörterbuchmachern oder anderen Personen als «richtiger», als «standardsprachlicher» als die anderen festgelegt wird, richtet sich das im besten Fall nach dem Gebrauch der Mehrheit der Sprecher. Im schlimmsten Fall orientieren sich solche «Korrektheitsurteile» nach den Vorlieben dieser Personen beziehungsweise nach dem, was sie aus ihrer eigenen Region kennen. Wer aus einer anderen Region kommt und/oder nicht zur Mehrheit gehört, spricht deswegen aber noch lange nicht «falsch».

Außerdem haben wir hoffentlich zeigen können, wie veränderlich Sprache ist. Auch wenn man weiß, wo ein

Wort herkommt und was es irgendwann einmal bedeutet hat, wird man keineswegs sagen können, was es heute «wirklich» bedeutet. Wenn etwa *Vesper* einmal etwas mit «Abend» zu tun hatte, spricht nicht das Geringste dagegen, das Wort heute tageszeitenunabhängig für eine Mahlzeit zu verwenden – man kann es heute eben (oder halt) so benutzen. Gerade solche Entwicklungen sind sehr aufschlussreich, wenn man sich für das Funktionieren unserer Kommunikation interessiert.

Sie haben auch erfahren können, wie viele vermeintlich «urdeutsche» Wörter aus anderen Sprachen gekommen sind, die sie nicht selten selbst auch wieder aus anderen Sprachen übernommen haben. Oft ist die Quelle das Lateinische, jahrhundertelang die Sprache der Bildung. Oft ist auch das Französische beteiligt, das schon im Mittelalter und besonders dann wieder im 17./18. Jahrhundert europaweit die tonangebende Rolle spielte, die ab dem 19. Jahrhundert und bis heute wiederum das Englische hat. Entlehnungspfade sind aber manchmal auch verschlungener, als sie auf den ersten Blick erscheinen. So ist z. B. *Fauteuil* sicher aus dem Französischen ins Deutsche übernommen worden, aber das Französische hat das Wort seinerseits aus dem Niederländischen, so wie auch viele englische Wörter wieder auf das Französische zurückgehen – z. B. *proof*. Auch ursprünglich slawische Wörter wie *Jause* und *Mauke* sind ins Deutsche eingewandert, und z. B. die *Puschen/Papuschen* haben den noch weiteren Weg aus dem Persischen zurückgelegt. Wer das Deutsche von all diesen Einwanderern «reinhalten» wollte, hätte ziemliche Mühe, sich auszudrücken. Wer *Puschen* mit «originaler» Aussprache und Mehrzahlform verwenden wollte, allerdings auch. Bleiben wir also ausnahmsweise in den Puschen – besonders in den ausgetretenen – und freuen uns weiterhin an der bunten Vielfalt unserer Sprache!

LITERATUR

AADG = Kleiner, Stefan (2011 ff.). *Atlas zur Aussprache des deutschen Gebrauchsstandards* (AADG). Unter Mitarbeit von Ralf Knöbl. [http://prowiki.ids-mannheim.de/bin/view/AADG/]

AdA = Elspaß, Stephan, und Robert Möller (2003 ff.). *Atlas zur deutschen Alltagssprache* (AdA). [www.atlas-alltagssprache.de]

Duden-Aussprachewörterbuch = Kleiner, Stefan, und Ralf Knöbl (Bearb.) (2015). *Duden. Das Aussprachewörterbuch* (Duden 6). 7. komplett überarb. u. aktual. Aufl. Berlin: Dudenverlag.

DWB = Grimm, Jacob, und Wilhelm Grimm (1854–1960). Deutsches Wörterbuch. 32 Bde. Neubearb. Leipzig 1965 ff. [woerterbuchnetz.de/DWB]

Kluge (2011). *Etymologisches Wörterbuch der deutschen Sprache.* 25., durchges. u. erw. Aufl. Berlin, New York: de Gruyter.

KSDS = Christen, Helen, Elvira Glaser, Matthias Friedli und Manfred Renn (2010). Kleiner Sprachatlas der deutschen Schweiz. 6. Aufl. Bern: Huber.

König, Werner, Stephan Elspaß und Robert Möller (2015). *dtv-Atlas Deutsche Sprache*. 18. Aufl. München: dtv.

Leemann, Adrian, Marie-José Kolly, Marc Brupbacher, Timo Grossenbacher, Christina Elmer, Patrick Stotz und Daniel Wanitsch (2015). *Grüezi, Moin, Servus – Wie wir wo sprechen.* [http://sprachatlas.spiegel.de]

ÖWB = *Österreichisches Wörterbuch* (2016). Herausgegeben im Auftrag des Bundesministeriums für Bildung. Redaktion: Christiane M. Pabst, Herbert Fussy, Ulrike Steiner. 43. Aufl. Wien: öbv.

Pfeifer, Wolfgang (2004): *Etymologisches Wörterbuch des Deutschen.* 7. Aufl. München: dtv.

REDE = Schmidt, Jürgen Erich, Joachim Herrgen und Roland Kehrein (Hrsg.) (2008 ff.). *Regionalsprache.de (REDE).* Forschungsplattform zu den modernen Regionalsprachen des Deutschen. Bearb. von Dennis Bock et al. Marburg: Forschungszentrum Deutscher Sprachatlas.
[www.regionalsprache.de]

Schweizerisches Idiotikon = Wörterbuch der schweizerdeutschen Sprache (1881 ff.). Hrsg. mit Unterstützung des Bundes und der Kantone. Frauenfeld: Huber; Basel: Schwabe.
[www.idiotikon.ch]

TLFi = *Trésor de la langue Française informatisé.* ATILF – CNRS und Université de Lorraine.
[http://atilf.atilf.fr/tlf.htm]

VWB = Ammon, Ulrich, Hans Bickel, Alexandra N. Lenz et al. (2016). *Variantenwörterbuch des Deutschen. Die Standardsprache in Österreich, der Schweiz, Deutschland, Liechtenstein, Luxemburg, Ostbelgien und Südtirol sowie Rumänien, Namibia und Mennonitensiedlungen.* 2. völlig neu bearb. und erw. Aufl. Berlin: de Gruyter.

BILDNACHWEIS

Seite 18: milosz1966/iStock.com
Seite 26: milanfoto/iStock.com
Seite 35: Okssi68/iStock.com
Seite 44: anzeletti/iStock.com
Seite 49: MaxRiesgo/iStock.com
Seite 56: InaTs/iStock.com
Seite 64: Dimedrol68/iStock.com
Seite 68: AlexRaths/iStock.com
Seite 74: Maartje van Caspel/iStock.com
Seite 79: mediaphotos/iStock.com
Seite 84: Max Bailen/iStock.com
Seite 90: LuisPortugal/iStock.com
Seite 95: Picsfive/iStock.com
Seite 100: ClarkandCompany/iStock.com
Seite 106 links: Andrey_KZ/iStock.com
Seite 106 rechts: asafta/iStock.com
Seite 112: Andrew_Howe/iStock.com
Seite 118: cizlawet/iStock.com
Seite 123: wwing/iStock.com
Seite 130: Imgorthand/iStock.com
Seite 136: AntonioGuillem/iStock.com
Seite 141: Roman Yanushevsky/Shutterstock.com

Die Karten wurden von den Autoren erstellt.